山香教育

教师招聘考试 高效

学习笔记

幼儿园教育理论基础

山香教育考试命题研究中心　主编

首都师范大学出版社
CAPITAL NORMAL UNIVERSITY PRESS

图书在版编目(CIP)数据

教师招聘考试高效学习笔记. 幼儿园. 教育理论基础 / 山香教育考试命题研究中心主编. -- 北京：首都师范大学出版社, 2024. 7. -- ISBN 978-7-5656-8456-2

Ⅰ. G451.1

中国国家版本馆 CIP 数据核字第 2024DW2553 号

教师招聘考试高效学习笔记. 幼儿园
教育理论基础
山香教育考试命题研究中心　主编

策划编辑　张文强
责任编辑　张娜娜　　　　　　　　　　封面设计　山香教育
首都师范大学出版社出版发行
地　　址　北京市海淀区西三环北路 105 号
邮　　编　100048
咨询电话　010-68418523（总编室）　　010-68982468（发行部）
网　　址　http://cnupn.cnu.edu.cn
印　　刷　河南黎阳印务有限公司
经　　销　全国新华书店
版　　次　2024 年 7 月第 1 版
印　　次　2024 年 7 月第 1 次印刷
开　　本　889mm×1194mm　1/16
印　　张　26.5
字　　数　400 千
定　　价　79.00 元（全两册）

版权所有　翻印必究

许你一路芬芳

嗨，亲爱的同学，我是你手中的高效学习笔记，是伴你一起前行的伙伴。我是一排排前人的足迹，引领你登上书山的高峰；我是一句句殷切的叮咛，提醒你拾起遗漏的点滴。

我传授的不仅仅是知识，更重要的是学霸的学习方法、学习习惯、思维模式，教你把握思路、学会方法，成为招教大军中的"王者"。

我是你招教考试路上的向导，带着你奔跑在考试的赛道上。我集结了精心设计、编写的内容，把智慧和美好呈现在你眼前。我是名师教案的精华、学霸成功的秘笈，护你避开岔路，引你走上学习的坦途，让你的自主学习如鱼得水。我是你取得胜利的强力助攻，帮助你过关斩将，一路前行。

请相信我，把烦恼和无奈抛给昨天，面对挑战，无论输赢，你都要全身心地投入，向着既定目标冲刺，定会创造人生的奇迹！

目 录

第一部分 学前教育学

第一章 学前教育与学前教育学 ... 001
- 思维导图 ... 001
- 知识梳理 ... 002
- 第一节 学前教育及其发展 ... 002
- 第二节 学前教育学的概念、任务和研究方法 ... 003
- 第三节 学前教育机构的产生与发展 ... 005
- 要点回顾 ... 006

第二章 著名教育家的学前教育思想 ... 007
- 思维导图 ... 007
- 知识梳理 ... 008
- 第一节 国外教育家的学前教育思想 ... 008
- 第二节 我国教育家的学前教育思想 ... 010
- 要点回顾 ... 011

第三章 学前教育的目标、任务和原则 ... 012
- 思维导图 ... 012
- 知识梳理 ... 013
- 第一节 学前教育的目标和任务 ... 013
- 第二节 学前教育的原则 ... 016
- 要点回顾 ... 017

第四章 幼儿园全面发展教育 ... 018
- 思维导图 ... 018
- 知识梳理 ... 019
- 第一节 全面发展教育与幼儿的发展 ... 019
- 第二节 幼儿德育 ... 019
- 第三节 幼儿智育 ... 020

第四节　幼儿体育	021
第五节　幼儿美育	022
要点回顾	023

第五章　幼儿教师和幼儿 ………… 024

- 思维导图 …………………… 024
- 知识梳理 …………………… 025
- 第一节　幼儿教师 …………… 025
- 第二节　儿童观 ……………… 026
- 第三节　师幼关系 …………… 028
- 要点回顾 …………………… 030

第六章　幼儿园教育活动 ………… 031

- 思维导图 …………………… 031
- 知识梳理 …………………… 031
- 第一节　幼儿园教学活动 …… 031
- 第二节　幼儿园主题活动 …… 034
- 第三节　幼儿园区域活动 …… 035
- 第四节　幼儿园一日生活 …… 037
- 要点回顾 …………………… 038

第七章　幼儿游戏 ………………… 039

- 思维导图 …………………… 039
- 知识梳理 …………………… 040
- 第一节　幼儿游戏概述 ……… 040
- 第二节　幼儿游戏的类型 …… 043
- 第三节　幼儿游戏的条件创设 … 046
- 第四节　幼儿游戏的指导 …… 047
- 要点回顾 …………………… 056

第八章　幼儿园班级管理与环境创设 … 057

- 思维导图 …………………… 057
- 知识梳理 …………………… 057
- 第一节　幼儿园班级管理工作 … 057
- 第二节　幼儿园环境概述 …… 059
- 第三节　幼儿园环境创设和利用 … 060
- 要点回顾 …………………… 062

第九章　幼儿园与家庭、社区及小学的衔接　　063

思维导图　　063

知识梳理　　064

第一节　学前儿童家庭教育　　064

第二节　幼儿园与家庭的合作　　065

第三节　幼儿园与小学衔接　　068

第四节　幼儿园与社区的合作　　071

要点回顾　　072

第二部分　学前心理学

第一章　学前心理学概述　　073

思维导图　　073

知识梳理　　073

第一节　学前心理学的研究对象、内容与任务　　073

第二节　学前心理学的研究原则与方法　　074

要点回顾　　076

第二章　学前儿童的心理发展　　077

思维导图　　077

知识梳理　　078

第一节　儿童心理发展的年龄特征　　078

第二节　学前儿童心理发展各年龄阶段的主要特征　　079

第三节　学前儿童心理发展的基本趋势和特点　　082

第四节　影响学前儿童心理发展的因素　　084

第五节　有关儿童心理发展阶段的重要概念　　085

要点回顾　　086

第三章　学前儿童动作和言语的发展　　087

思维导图　　087

知识梳理　　088

第一节　学前儿童动作的发展　　088

第二节　学前儿童言语的发展　　089

要点回顾　　092

第四章 学前儿童认知的发展 ... 093

- 思维导图 ... 093
- 知识梳理 ... 095
- 第一节 学前儿童注意的发展 ... 095
- 第二节 学前儿童感知觉的发展 ... 098
- 第三节 学前儿童记忆的发展 ... 104
- 第四节 学前儿童想象的发展 ... 110
- 第五节 学前儿童思维的发展 ... 114
- 第六节 皮亚杰的心理发展观——发生认识论 ... 121
- 要点回顾 ... 124

第五章 学前儿童情绪情感和意志的发展 ... 125

- 思维导图 ... 125
- 知识梳理 ... 125
- 第一节 情绪情感概述 ... 125
- 第二节 学前儿童情绪情感的产生与发展 ... 127
- 第三节 学前儿童情绪的培养 ... 130
- 第四节 学前儿童意志的发展 ... 130
- 要点回顾 ... 133

第六章 学前儿童个性的发展 ... 134

- 思维导图 ... 134
- 知识梳理 ... 134
- 第一节 个性概述 ... 134
- 第二节 学前儿童气质的发展 ... 136
- 第三节 学前儿童性格的发展 ... 138
- 第四节 学前儿童能力的发展 ... 139
- 第五节 学前儿童自我意识的发展 ... 141
- 要点回顾 ... 143

第七章 学前儿童社会性的发展 ... 144

- 思维导图 ... 144
- 知识梳理 ... 146
- 第一节 学前儿童社会性发展的概念、内容和意义 ... 146
- 第二节 学前儿童亲子关系的发展 ... 146

第三节	学前儿童同伴关系的发展	148
第四节	学前儿童性别角色的发展	150
第五节	学前儿童亲社会行为的发展	151
第六节	学前儿童攻击性行为的发展	153
要点回顾		154

第三部分　幼儿教育心理学

第一章　幼儿教育心理学概述 ... 155
思维导图 ... 155
知识梳理 ... 155
第一节　幼儿教育心理学的学科性质、任务和研究内容 ... 155
第二节　幼儿教育心理学的发展历程 ... 156
要点回顾 ... 157

第二章　幼儿学习理论 ... 158
思维导图 ... 158
知识梳理 ... 159
第一节　学习的内涵和分类 ... 159
第二节　行为主义学习理论 ... 161
第三节　人本主义学习理论 ... 165
第四节　认知主义学习理论 ... 166
第五节　建构主义学习理论 ... 168
要点回顾 ... 169

第三章　幼儿学习心理 ... 170
思维导图 ... 170
知识梳理 ... 170
第一节　幼儿学习动机 ... 170
第二节　幼儿学习迁移 ... 173
要点回顾 ... 174

第四章　幼儿学习的个别差异与适宜性教学 ... 175
思维导图 ... 175
知识梳理 ... 175
第一节　幼儿个别差异的概念和类型 ... 175

第二节　针对个别差异的适宜性教学 …………………………………… 176
要点回顾 ………………………………………………………………… 176

第四部分　幼儿教育法规与教师职业道德

第一章　幼儿教育法规 … 177
思维导图 ………………………………………………………………… 177
知识梳理 ………………………………………………………………… 178
第一节　《幼儿园管理条例》（节选） …………………………………… 178
第二节　《幼儿园工作规程》（节选） …………………………………… 179
第三节　《幼儿园教育指导纲要（试行）》（节选） ……………………… 183
第四节　《3~6岁儿童学习与发展指南》（节选） ……………………… 188
第五节　《幼儿园教师专业标准（试行）》（节选） ……………………… 191
第六节　《儿童权利公约》解读 ………………………………………… 192
要点回顾 ………………………………………………………………… 194

第二章　教师职业道德 … 195
思维导图 ………………………………………………………………… 195
知识梳理 ………………………………………………………………… 195
第一节　教师职业道德的概念与特点 …………………………………… 195
第二节　教师职业道德的作用 …………………………………………… 196
第三节　《中小学教师职业道德规范》（2008年修订） ………………… 197
要点回顾 ………………………………………………………………… 198

专家微课视频索引

（扫描正文中下列知识点处的二维码，即可获取专家微课视频）

福禄贝尔 / 009
学前教育的特殊原则 / 017
幼儿教师劳动的特点 / 025
活动区的布局策略 / 035
早期的传统游戏理论 / 040
游戏的类型 / 043
幼儿园班级管理的方法 / 058

注意的品质 / 096
感觉规律 / 102
情绪情感的分类 / 126
情绪情感在学前儿童心理发展中的作用 / 126
意志行动中的动机冲突 / 130
依恋的类型 / 148

第一部分　学前教育学

第一章　学前教育与学前教育学

思维导图

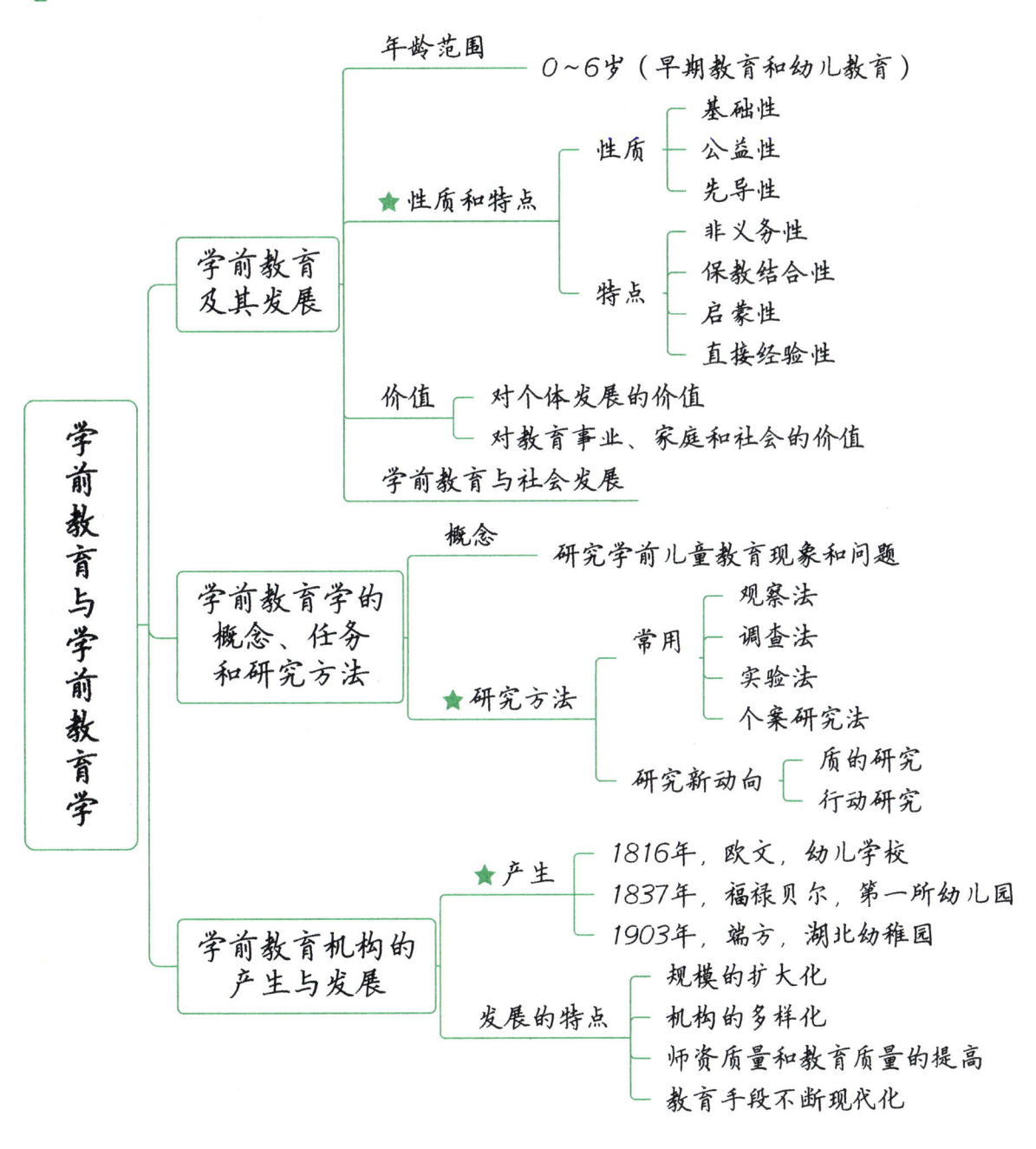

- 学前教育与学前教育学
  - 学前教育及其发展
    - 年龄范围：0~6岁（早期教育和幼儿教育）
    - ★性质和特点
      - 性质
        - 基础性
        - 公益性
        - 先导性
      - 特点
        - 非义务性
        - 保教结合性
        - 启蒙性
        - 直接经验性
    - 价值
      - 对个体发展的价值
      - 对教育事业、家庭和社会的价值
    - 学前教育与社会发展
  - 学前教育学的概念、任务和研究方法
    - 概念：研究学前儿童教育现象和问题
    - ★研究方法
      - 常用
        - 观察法
        - 调查法
        - 实验法
        - 个案研究法
      - 研究新动向
        - 质的研究
        - 行动研究
  - 学前教育机构的产生与发展
    - ★产生
      - 1816年，欧文，幼儿学校
      - 1837年，福禄贝尔，第一所幼儿园
      - 1903年，端方，湖北幼稚园
    - 发展的特点
      - 规模的扩大化
      - 机构的多样化
      - 师资质量和教育质量的提高
      - 教育手段不断现代化

注：思维导图呈现考试中的高频知识点。

知识梳理

第一节 学前教育及其发展

知识点1 学前教育的年龄范围和概念 【单选、填空】

1. 学前教育的年龄范围

学前教育是对从出生到6岁前儿童所进行的教育,可以细分为早期教育(0~3岁)和幼儿教育(3~6岁)。

2. 学前教育的概念

	概念	范围
广义	凡是能够影响和促进学前儿童身体成长和认知、情感、意志、性格和行为等方面发展的活动	针对学前儿童的社会专门机构的教育、社区教育和家庭教育
狭义	学前教育工作者整合儿童周围的资源,对0~6岁儿童的发展施以有目的、有计划、有系统的影响活动	幼儿园和其他专门开设的学前教育机构的教育

知识点2 学前教育的性质和特点 【单选、多选】

性质	基础性:是学校教育和终身教育的奠基阶段
	公益性:造福公众、让社会获益。(坚持教育的公益性是我国教育事业健康发展的基本要求)
	先导性:儿童教育的开始
特点	非义务性:自愿的而非强制的
	保教结合性(保教并重):保中有教,教中有保
	启蒙性:启于未发、适时而教、循序渐进,不损伤"幼嫩的芽"
	直接经验性:让儿童通过自己的行为与身边环境的互动,获得直接经验

知识点3　学前教育的价值　【简答】

价值
- 对个体发展的价值
  - 促进生长发育，提高身体素质
  - 开发大脑潜力，促进智力发展
  - 发展个性，促进人格的健康发展
  - 培育美感，促进想象力、创造性的发展
- 对教育事业、家庭和社会的价值
  - 教育事业：帮助学前儿童做好上小学的准备
  - 家庭：使家庭生活更加和谐幸福，提高家庭生活质量
  - 社会：确保了未来公民的素质，确保了国家竞争力

知识点4　学前教育与社会发展

1. 社会政治对学前教育的制约作用

制约作用
- 学前教育的性质受社会政治的影响，并为政治所决定
- 学前教育的目标和内容受政治的影响和制约
- 学前教育的管理体制受政治的影响和制约
- 学前教育的发展规模和速度受政治的影响和制约

2. 经济发展对学前教育的影响

影响
- 促进学前教育机构的产生与发展
- 学前教育发展的规模和速度受社会经济水平的影响和制约
- 学前教育的目标、内容、手段和设施受社会经济发展水平的影响

第二节　学前教育学的概念、任务和研究方法

知识点1　学前教育学的概念

学前教育学是研究0岁至入学前儿童的教育现象及教育问题，揭示学前教育规律的科学。

学前教育学的研究对象有两方面：一是学前教育现象；二是学前教育问题。

知识点2　学前教育学的任务

（1）总结我国学前教育的经验，研究学前教育基本理论，引进国外学前教育的理论和实践，以探讨我国学前教育的规律及今后发展趋势。

（2）通过对学前教育实践的理论研究，用科学的教育观念指导学前教育实践，不断提高学前教育机构和家庭的科学教育水平。

（3）学前教育学的有关基本理论，可为国家和有关部门制定学前教育的政策、措施和进行教育改革提供理论依据和策略思想。

知识点3　学前教育学的研究方法　【单选、填空、名词解释】

1.常用的研究方法

（1）观察法

①含义：自然状态下，运用感官或借助仪器设备进行考察。

②地位：实证研究最基本的方法，也是托儿所、幼儿园里最常用、最实用的研究方法。

③类型：

分类依据	类型	含义
环境条件是否进行控制和改变	自然观察	不控制或改变条件
	实验室观察	控制或改变条件
是否借助仪器设备	直接观察	凭借感官观察
	间接观察	借用仪器进行观察
是否参与研究对象的活动	参与性观察	观察者参与到研究对象的活动中去
	非参与性观察	以局外人的身份观察
是否对观察活动进行严格的控制	有结构观察	明确的观察目标、详细的观察内容、严格控制
	无结构观察	总的观察目的、大致的观察内容、不进行严格控制
对研究对象行为取样的方式	时间取样观察	特定时间内的观察
	事件取样观察	观察某种或某类事件

（2）调查法

含义｛教师围绕某一教育现象
　　　采用问卷、谈话、座谈等多种形式收集资料
　　　对所获得的资料进行定量、定性分析，指出问题，提出教育建议

（3）实验法

研究者以一定的理论假设为指导，根据研究的目的，有计划地操纵某些条件，控制某些条件，并观测特定的教育现象随之发生的变化，以探索不同教育现象之间的因果关系，揭示教育活动规律的研究方法。

（4）个案研究法

教师利用观察法、调查法、作品分析法等方法对班级个别儿童进行全面系统的研究，以揭示儿童发展普遍规律的一种研究方法。

2.研究新动向

（1）质的研究

以研究者本人作为研究工具，凭借研究者自身的洞察力，在与研究对象的互动中理解和解释其行为和意义建构的研究方法。

（2）行动研究

研究者为科学地解决教育活动中的实际问题，在对问题诊断分析的基础上来拟订和实施行动计划的一种循环研究的程序性方法。

第三节 学前教育机构的产生与发展

知识点1 学前教育机构的产生 【单选】

时间	人物	地点	创办机构	历史地位
1816年	欧文（英国）	纽兰纳克	幼儿学校（性格形成新学园）：招收工人子女	世界上最早的学前教育机构
1837年	福禄贝尔（德国）	勃兰根堡	开办一所儿童游戏活动机构，1840年命名为幼儿园	世界上第一所幼儿园，也是第一所真正意义上的幼儿教育机构
1903年	端方（中国）	湖北武昌	湖北幼稚园，后改称为武昌蒙养院	中国第一所学前教育机构（公立）

知识拓展

《奏定学堂章程》的地位

1904年，由张之洞、张百熙、荣庆合订的《奏定学堂章程》即癸卯学制，其中包括了蒙养院制度。癸卯学制第一次用国家学制的形式把学前教育机构的名称定下来，把社会学前教育机构的地位固定下来，使蒙养院成为我国最早的学前教育机构。可以说，癸卯学制所定位的蒙养院，是我国幼儿教育史上具有划时代意义的重要里程碑。

知识点2 世界学前教育机构发展的特点

特点
- 规模的扩大化
- 机构的多样化
- 师资质量和教育质量的提高（重要标志）
- 教育手段不断现代化

要点回顾

1. 学前教育的概念。
2. 学前教育的性质和特点。
3. 学前教育对个体发展的价值。
4. 学前教育学常用的研究方法。

第二章 著名教育家的学前教育思想

思维导图

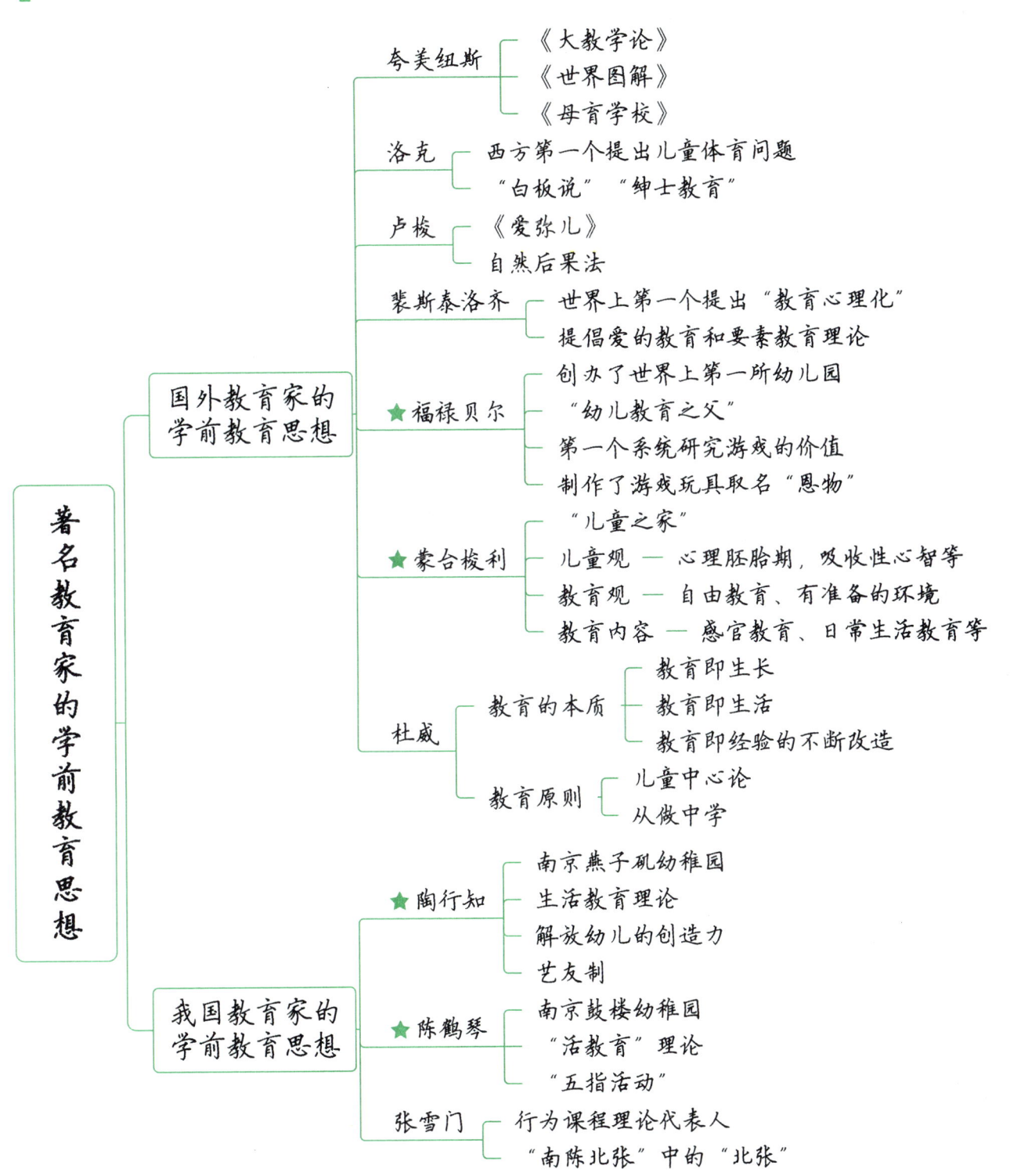

- 著名教育家的学前教育思想
  - 国外教育家的学前教育思想
    - 夸美纽斯
      - 《大教学论》
      - 《世界图解》
      - 《母育学校》
    - 洛克
      - 西方第一个提出儿童体育问题
      - "白板说""绅士教育"
    - 卢梭
      - 《爱弥儿》
      - 自然后果法
    - 裴斯泰洛齐
      - 世界上第一个提出"教育心理化"
      - 提倡爱的教育和要素教育理论
    - ★福禄贝尔
      - 创办了世界上第一所幼儿园
      - "幼儿教育之父"
      - 第一个系统研究游戏的价值
      - 制作了游戏玩具取名"恩物"
    - ★蒙台梭利
      - "儿童之家"
      - 儿童观 —— 心理胚胎期，吸收性心智等
      - 教育观 —— 自由教育、有准备的环境
      - 教育内容 —— 感官教育、日常生活教育等
    - 杜威
      - 教育的本质
        - 教育即生长
        - 教育即生活
        - 教育即经验的不断改造
      - 教育原则
        - 儿童中心论
        - 从做中学
  - 我国教育家的学前教育思想
    - ★陶行知
      - 南京燕子矶幼稚园
      - 生活教育理论
      - 解放幼儿的创造力
      - 艺友制
    - ★陈鹤琴
      - 南京鼓楼幼稚园
      - "活教育"理论
      - "五指活动"
    - 张雪门
      - 行为课程理论代表人
      - "南陈北张"中的"北张"

第一节　国外教育家的学前教育思想

教育家	常考点	
夸美纽斯	地位	第一个专门对学前教育提出了深刻认识并有系统论述的人
	著作	①《大教学论》：西方第一本独立形态的教育学著作；②《世界图解》：世界上第一本图文并茂的儿童读物；③《母育学校》：世界上第一部论述学前教育的专著
	教育思想	①教育原则：教育应适应自然；②"泛智"教育
洛克 洛克白板画 (话)绅士。	地位	西方教育史上，第一个提出并详细论述儿童体育问题的教育家
	教育思想	①提出了"白板说"。洛克认为人出生后心灵如同一块白板，没有任何标记和观念，人的一切知识都是后天得来的。②提倡"绅士教育"。洛克认为，教育的目的就是培养绅士。在其著作《教育漫话》一书中，他详细论述了绅士教育的内容及方法
卢梭	著作	《爱弥儿》
	教育思想	①论自然教育；②教育方法（自然后果法）
裴斯泰洛齐 裴齐要素心 里(理)爱。	地位	世界上第一个明确提出"教育心理学化"口号的教育家
	教育思想	①提倡爱的教育。裴斯泰洛齐是提倡"爱的教育"和实施"爱的教育"的典范。②提出要素教育理论。a.道德教育的要素：儿童对母亲的爱。b.智育的要素："对事物产生一种最初的印象"（事物的形状、数目和名称）。c.体育和劳动教育的要素：关节活动

续表

教育家	常考点	
福禄贝尔	实践	创办了世界上第一所幼儿园
	称号	"幼儿教育之父"（幼儿园之父）
	教育思想	①幼儿自我发展的原理； ②游戏理论：第一个系统研究游戏的价值的教育家，制作的玩具取名为"恩物"，"恩物"的基本形状是圆球、立方体和圆柱体； ③协调原理：让孩子和周围的环境、社会、自然结合，协调一致； ④亲子教育：创立了世界上第一个为母亲们开办的"讲习会"
蒙台梭利	实践	1907年在罗马贫民区创办了一所"儿童之家"，不按年龄分班
	称号	20世纪初的"幼儿园改革家"
	教育思想	①儿童观：a.儿童存在着与生俱来的"内在的生命力"；b.儿童具有"心理胚胎期"和"吸收性心智"；c.儿童发展具有敏感期和阶段性；d.儿童发展是通过"工作"实现的。 ②教育观：主张自由教育、提供有准备的环境。 ③教育内容：感官教育（以触觉训练为主）、日常生活教育、读写算练习
杜威	教育思想	①教育的本质："教育即生长""教育即生活""教育即经验的不断改造"； ②教育原则："儿童中心论""从做中学"

第二节 我国教育家的学前教育思想

教育家		常考点
陶行知 行知生活解放艺友。	实践	创办我国第一所乡村幼稚园——南京燕子矶幼稚园（该园是陶行知的生活教育理论试用于幼稚教育领域的试验田。其办园宗旨在于研究和试验如何办好农村幼稚园的具体方法）
	教育思想	①重视幼儿教育； ②生活教育理论："生活即教育""社会即学校""教、学、做合一"； ③解放幼儿的创造力：解放幼儿的头脑、双手、眼睛、嘴巴、空间、时间； ④提出培养学前教育师资的方法——艺友制
陈鹤琴	实践	①创办了我国最早的幼儿教育实验中心——南京鼓楼幼稚园； ②创建了我国第一所公立幼稚师范学校——江西省立实验幼稚师范学校
	称号	"中国幼儿园之父"；"南陈北张"中的"南陈"
	教育思想	①反对死教育，提倡活教育 a.教育观：倡导幼儿"自动的学习、自发的学习"； b.教育目标：育人、培养国家民族所需要的新生一代、培养现代中国人； c.教育方法：做中教、做中学、做中求进步； d.教育内容：大自然、大社会是活教材； e.教育原则：提出活教育的十七条原则，如"凡是幼儿能做的，让他自己做" ②幼儿园课程理论 a.课程的中心：自然的环境、社会的环境； b.课程结构："五指活动"（健康、社会、科学、艺术、文学）； c.课程实施：整个教学法、游戏式教学

续表

教育家	常考点	
张雪门	地位	行为课程理论代表人
	称号	"南陈北张"中的"北张"

要点回顾

1. 福禄贝尔的教育思想。
2. 蒙台梭利的教育思想。
3. 杜威的教育思想。
4. 陶行知的教育思想。
5. 陈鹤琴的教育思想。

第三章 学前教育的目标、任务和原则

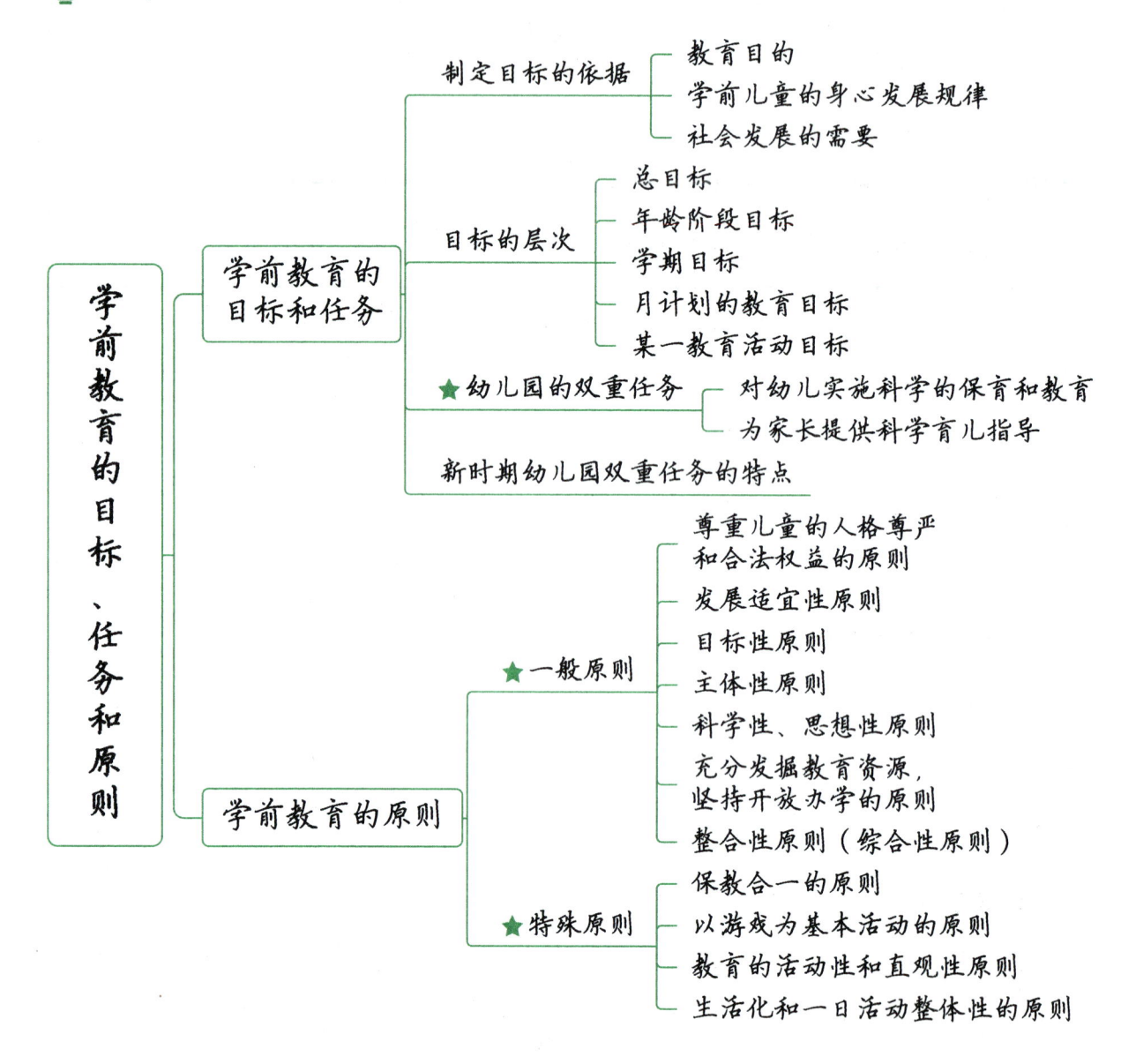

思维导图

- 学前教育的目标、任务和原则
  - 学前教育的目标和任务
    - 制定目标的依据
      - 教育目的
      - 学前儿童的身心发展规律
      - 社会发展的需要
    - 目标的层次
      - 总目标
      - 年龄阶段目标
      - 学期目标
      - 月计划的教育目标
      - 某一教育活动目标
    - ★幼儿园的双重任务
      - 对幼儿实施科学的保育和教育
      - 为家长提供科学育儿指导
    - 新时期幼儿园双重任务的特点
  - 学前教育的原则
    - ★一般原则
      - 尊重儿童的人格尊严和合法权益的原则
      - 发展适宜性原则
      - 目标性原则
      - 主体性原则
      - 科学性、思想性原则
      - 充分发掘教育资源，坚持开放办学的原则
      - 整合性原则（综合性原则）
    - ★特殊原则
      - 保教合一的原则
      - 以游戏为基本活动的原则
      - 教育的活动性和直观性原则
      - 生活化和一日活动整体性的原则

知识梳理

第一节 学前教育的目标和任务

知识点1 学前教育目标的内涵

内涵
- 是教育目的在学前教育阶段的具体体现
- 是对培养幼儿规格的要求
- 是对学前教育最终结果的反映和预期

知识点2 制定学前教育目标的依据 【单选】

(1) 教育目的；
(2) 学前儿童的身心发展规律；
(3) 社会发展的需要。

知识点3 学前教育目标的层次和结构 【单选】

1. 学前教育目标的层次

学前教育目标的层次是把教育目标按照一定的维度在纵向上进行一定的划分，使之由抽象宏观趋于具体微观。关于学前教育目标的层次有以下两个版本：

版本一：

目标层次	具体表现	举例
幼儿园课程总目标（长远目标）	通过幼儿园三年的教育实现的	《幼儿园工作规程》中阐述的幼儿园教育目标
年龄阶段目标（中长期目标）	幼儿园小、中、大三个年龄段的目标	小班幼儿发展目标
学期目标（中期目标）	各年龄段目标在第一、第二学期的分步实施	开学初制定的本学期目标

续表

目标层次	具体表现	举例
月（或几周）计划（主题活动）的教育目标（近期目标）	在较短时间内所期望达到的成果	主题活动目标
某一教育活动目标（近期具体目标）	一个具体的教育活动所要达到的结果，是最具操作性的目标	某次"画熊猫"美术活动中，教师制定的目标

版本二：

目标层次	具体表现	举例
幼儿园教育目标（远期目标）	指导幼儿园开展教育工作的纲领性目标	《幼儿园工作规程》中阐述的幼儿园教育目标
中期目标	幼儿园小、中、大等各年龄班的教育目标	小班幼儿发展目标
近期目标（短期目标）	某一阶段内要达到的教育目标	周、月计划中制定的目标
活动目标	某次教育活动需要达成的目标	某次"画熊猫"美术活动中，教师制定的目标

> **学霸点睛**
>
> 学前教育目标的层次较多考查第二个版本，做题时注意看选项中出现的是哪个版本的表述，即考查哪个版本。

2.学前教育目标的结构

学前教育目标的结构主要是从横向角度来分析学前教育的目标。可从三个不同的角度确定学前教育目标。

（1）从教育的基本内容：体育的目标、智育的目标、德育的目标和美育的目标。

（2）从相关的学科或领域：健康领域的目标、语言领域的目标、社会领域的目标、科学领域的目标、艺术领域的目标。

（3）从幼儿身心发展：布卢姆等人把教育目标分为认知、情感、动作三大类。

目标	具体表述	举例
认知领域	知识的掌握、理解或回忆、再认，以及认知能力的形成、发展等方面	明白诗歌中植物和秋天颜色的对应关系，理解"轻轻地""沙沙地""悄悄地"等形容词
情感领域	兴趣、态度、习惯和价值观等方面	乐意与人交谈，讲话有礼貌
动作技能领域	神经肌肉协调的操作技能、动作技能和行动等方面	能够跟随音乐有节奏地拍手

知识点4　幼儿园的双重任务　【多选、填空】

任务
- 对幼儿实施科学的保育和教育
- 为家长提供科学育儿指导

知识点5　新时期幼儿园双重任务的特点　【多选】

特点
- 对幼儿身心素质的培养提出了更高的要求
- 为家长服务的范围不断扩大
- 家长对幼儿教育认识不断提高，要求幼儿园具有更高的教育质量

第二节 学前教育的原则

知识点1 学前教育的一般原则 【单选、多选、简答】

一般原则
- 尊重儿童的人格尊严和合法权益
  - 尊重儿童的人格尊严
  - 保障儿童的合法权益
- 发展适宜性
  - 针对美国幼教界幼儿教育"小学化"等倾向提出来的
  - 按维果斯基的理论来说,即要找准每个孩子的"最近发展区"
- 目标性
  - 把握目标的方向性和指导性
  - 注重教育目标实施过程的动态管理
- 主体性
  - 准确把握儿童发展的特点和现状
  - 在活动之前善于激发学前儿童的学习兴趣和动机
- 科学性、思想性
  - 教育内容应是健康、科学的
  - 教育要从实际出发,对儿童健康发展有利
  - 教育设计和实施要科学、正确
- 充分发掘教育资源,坚持开放办学
  - 与家长合作共育
  - 开门办学,与社区合作
  - 学前教育机构、家庭、社区一致
- 整合性(综合性)
  - 活动目标的整合
  - 活动内容的整合
  - 教育资源的整合
  - 活动形式和活动过程的整合

> 科目要合体,资源尊适宜。

知识点2　学前教育的特殊原则　【单选、多选、简答】

特殊原则
- 保教合一（我国特有）
  - 保育和教育是幼儿园两大方面的工作
  - 保育和教育工作相互联系、相互渗透
  - 保育和教育是在同一过程中实现的
  - 良好的工作伙伴与师生关系是实现保教合一的前提
- 以游戏为基本活动
  - 游戏是儿童最好的一种学习方式
  - 游戏是幼儿园课程内容和形式的结合
- 教育的活动性和直观性
- 生活化和一日活动整体性
  - 教育生活化
  - 生活教育化
  - 发挥一日活动整体功能

整货（活）直包（保）邮（游）。

学霸点睛

教育生活化和生活教育化的区别：

原则	关键信息	例子
教育生活化	针对生活中有价值的内容，开展专门的教育活动进行施教	生活中发现幼儿不愿意分享，于是组织专门教育活动引导幼儿学会分享
生活教育化	在生活中进行引导	小朋友玩游戏时出现了争抢玩具的现象，老师直接进行教育

要点回顾

1. 制定学前教育目标的依据。
2. 学前教育目标的层次。
3. 幼儿园的双重任务。
4. 新时期幼儿园双重任务的特点。
5. 学前教育的一般原则。
6. 学前教育的特殊原则。

第四章 幼儿园全面发展教育

思维导图

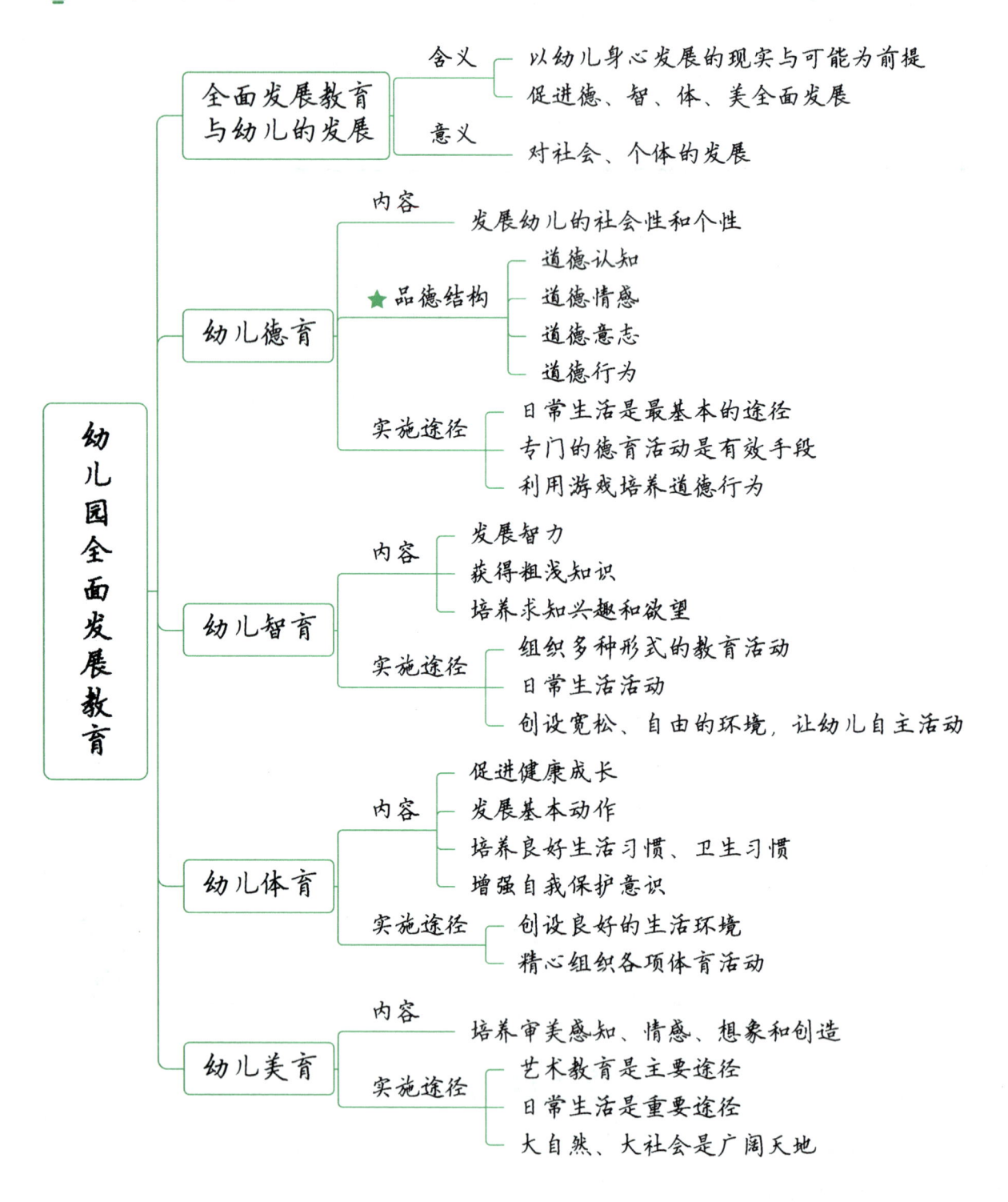

- **幼儿园全面发展教育**
  - **全面发展教育与幼儿的发展**
    - 含义
      - 以幼儿身心发展的现实与可能为前提
      - 促进德、智、体、美全面发展
    - 意义
      - 对社会、个体的发展
  - **幼儿德育**
    - 内容
      - 发展幼儿的社会性和个性
    - ★品德结构
      - 道德认知
      - 道德情感
      - 道德意志
      - 道德行为
    - 实施途径
      - 日常生活是最基本的途径
      - 专门的德育活动是有效手段
      - 利用游戏培养道德行为
  - **幼儿智育**
    - 内容
      - 发展智力
      - 获得粗浅知识
      - 培养求知兴趣和欲望
    - 实施途径
      - 组织多种形式的教育活动
      - 日常生活活动
      - 创设宽松、自由的环境，让幼儿自主活动
  - **幼儿体育**
    - 内容
      - 促进健康成长
      - 发展基本动作
      - 培养良好生活习惯、卫生习惯
      - 增强自我保护意识
    - 实施途径
      - 创设良好的生活环境
      - 精心组织各项体育活动
  - **幼儿美育**
    - 内容
      - 培养审美感知、情感、想象和创造
    - 实施途径
      - 艺术教育是主要途径
      - 日常生活是重要途径
      - 大自然、大社会是广阔天地

知识梳理

第一节 全面发展教育与幼儿的发展

知识点1 幼儿园全面发展教育的含义 【单选、名词解释】

以幼儿身心发展的现实与可能为前提，以促进幼儿在德、智、体、美诸方面全面和谐发展为宗旨，并以适合幼儿身心发展特点的方式、方法、手段加以实施的，着眼于培养幼儿基本素质的教育。

全面发展并不意味着个体在德、智、体、美诸方面齐头并进地、平均地发展，也不意味着个体的各个发展侧面可以各自孤立地发展。

知识点2 幼儿园全面发展教育的意义

意义	具体表现
对社会发展的意义	①德育：社会主义物质文明建设不断发展的保证。 ②智育：为提高社会的文化科学水平奠定基础。 ③体育：提高全民族的身体素质。 ④美育：给人以追求美好生活的精神动力和审美修养
对个体发展的意义	①德育：帮助适应社会生活，促进个性品质的健康发展。 ②智育：满足认知需要，促进智力发展。 ③体育：促进生长发育，增强体质。 ④美育：净化心灵，促进审美能力和智力的发展

德、智、体、美四育在幼儿的发展中具有各自独特的作用，具有各自不同的价值，不能相互取代。

第二节 幼儿德育

知识点1 幼儿德育的概念

幼儿德育是道德教育的起始阶段，是根据幼儿身心发展的特点和实际情况，对幼儿实施的品德教育。

知识点2 幼儿德育的目标和内容 【单选】

1. 幼儿德育的目标

幼儿德育的目标是：<u>萌发幼儿爱祖国、爱家乡、爱集体、爱劳动、爱科学的情感，培养诚实、自信、友爱、勇敢、勤学、好问、爱护公物、克服困难、讲礼貌、守纪律等良好的品德行为和习惯，以及活泼开朗的性格。</u>

幼儿德育的目标强调从情感入手，符合幼儿品德形成和发展的规律，符合幼儿的年龄特点。

2. 幼儿德育的内容

内容
- 发展幼儿的社会性
  - 培养爱的情感
  - 形成必要的社会行为规范
  - 学习人际交往技能和能力
- 发展幼儿个性（良好个性品质）

知识点3 幼儿的品德结构

结构
- 道德认知（导向作用）
- 道德情感（动力和调节功能）
- 道德意志（控制和调节作用）
- 道德行为（道德品质的外在表现）

知识点4 幼儿德育的实施 【单选】

实施
- 途径
  - 日常生活是实施幼儿德育最基本的途径
  - 专门的德育活动是实施幼儿德育的有效手段
  - 利用游戏培养幼儿良好的道德行为（基本形式）
- 应注意的问题
  - 热爱与尊重幼儿
  - 遵从德育的规律实施德育（从情感入手，重点放在道德行为的形成上）
  - 重视指导幼儿行为的技巧

第三节 幼儿智育

知识点1 幼儿智育的概念

幼儿智育是有目的、有计划地让幼儿获得粗浅的知识技能，发展智力，增进对周围事物的求知兴趣，学习"如何学习"，并养成良好学习习惯的教育过程。

知识点2 幼儿智育的目标和内容

1. 幼儿智育的目标 【单选】

幼儿智育的目标：发展幼儿智力，培养正确运用感官和运用语言的基本能力，增进对环境的认识，培养有益的兴趣和求知欲望，培养初步的动手探究能力。

感知能力的培养是幼儿园智育的基础和重要内容，也是幼儿园智育区别于小学的一个重要特征。

2. 幼儿智育的内容

内容 {
　发展幼儿的智力（思维力是智力的核心）
　引导幼儿获得粗浅的知识
　培养幼儿求知的兴趣和欲望以及良好的学习习惯
}

知识点3 幼儿智育的实施

实施 {
　途径 {
　　组织多种形式的教育活动
　　日常生活活动
　　创设宽松、自由的环境，让幼儿自主活动
　}
　应注意的问题 {
　　处理好智力与知识技能之间的关系
　　重视幼儿非智力因素的培养
　　注意幼儿知识的结构化
　}
}

第四节 幼儿体育

知识点1 幼儿体育的概念

在幼儿园进行的，遵循幼儿身体生长发育的规律，运用科学的方法以增强幼儿的体质、保证幼儿健康为目的的一系列教育活动。

知识点2 幼儿体育的目标和内容

1. 幼儿体育的目标 【判断】

幼儿体育的目标：促进幼儿身体正常发育和机能协调发展，增强体质，促进心理健康，培养良好的生活习惯、卫生习惯和参加体育活动的兴趣。

促进幼儿身体正常发育，是保证幼儿各方面健康发展的前提。幼儿适应环境和抗疾病能力的强弱是体质好坏的主要标志。

2. 幼儿体育的内容

（1）促进幼儿健康成长；

（2）发展幼儿的基本动作；

（3）培养幼儿良好的生活习惯、卫生习惯；

（4）增强幼儿的自我保护意识。

知识点3 幼儿体育的实施

实施
- 途径
  - 为幼儿创设良好的生活环境，科学护理幼儿的生活
  - 精心组织各项体育活动，提高幼儿健康水平
- 应注意的问题
  - 注重幼儿身体素质的提高
  - 重视培养幼儿对体育活动的兴趣和态度
  - 专门的体育活动与日常活动相结合
  - 注意体育活动中教师的指导方式

第五节 幼儿美育

知识点1 幼儿美育的概念

根据幼儿身心特点，利用美的事物和丰富的审美活动来培养幼儿感受美、表现美的情趣和能力的教育。

知识点2 幼儿美育的目标和内容

1. 幼儿美育的目标 【填空】

培养幼儿初步感受美和表现美的情趣和能力。

2. 幼儿美育的内容

内容
- 培养审美感知
- 培养审美情感
- 培养审美想象和创造（幼儿表现美的核心）

知识点3 幼儿美育的实施

实施
- 途径
  - 艺术教育是**主要途径**
  - 日常生活是重要途径
  - 大自然、大社会是广阔天地
- 应注意的问题
  - 面向全体幼儿
  - 重视通过美育培养幼儿健全的人格
  - 重视培养幼儿的想象力和创造力

要点回顾

1. 幼儿德育的目标和内容。
2. 实施幼儿德育的途径。
3. 幼儿智育的目标和内容。
4. 幼儿体育的目标。
5. 幼儿美育的目标和内容。

第五章 幼儿教师和幼儿

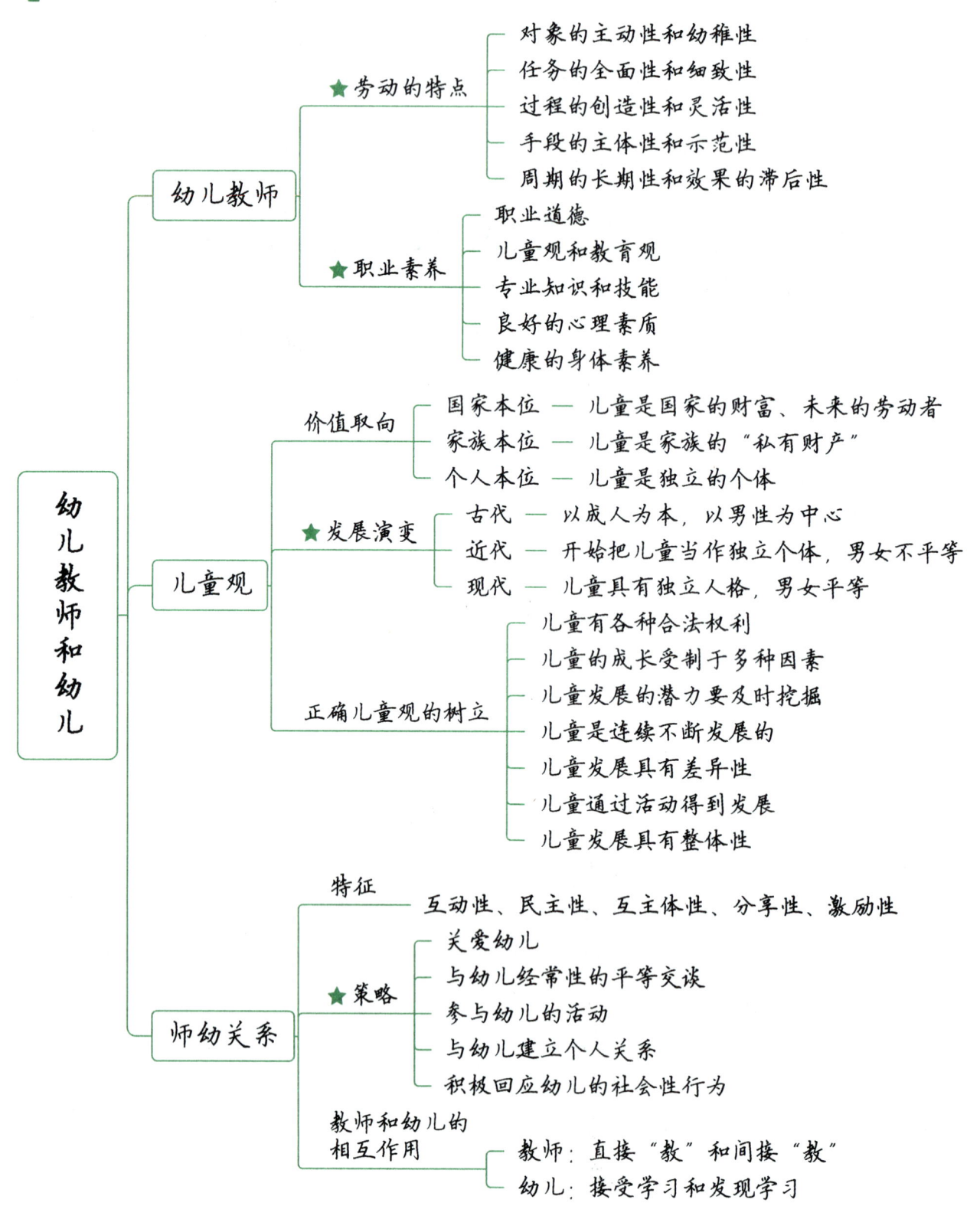

思维导图

- **幼儿教师和幼儿**
  - **幼儿教师**
    - ★ 劳动的特点
      - 对象的主动性和幼稚性
      - 任务的全面性和细致性
      - 过程的创造性和灵活性
      - 手段的主体性和示范性
      - 周期的长期性和效果的滞后性
    - ★ 职业素养
      - 职业道德
      - 儿童观和教育观
      - 专业知识和技能
      - 良好的心理素质
      - 健康的身体素养
  - **儿童观**
    - 价值取向
      - 国家本位——儿童是国家的财富、未来的劳动者
      - 家族本位——儿童是家族的"私有财产"
      - 个人本位——儿童是独立的个体
    - ★ 发展演变
      - 古代——以成人为本,以男性为中心
      - 近代——开始把儿童当作独立个体,男女不平等
      - 现代——儿童具有独立人格,男女平等
    - 正确儿童观的树立
      - 儿童有各种合法权利
      - 儿童的成长受制于多种因素
      - 儿童发展的潜力要及时挖掘
      - 儿童是连续不断发展的
      - 儿童发展具有差异性
      - 儿童通过活动得到发展
      - 儿童发展具有整体性
  - **师幼关系**
    - 特征
      - 互动性、民主性、互主体性、分享性、激励性
    - ★ 策略
      - 关爱幼儿
      - 与幼儿经常性的平等交谈
      - 参与幼儿的活动
      - 与幼儿建立个人关系
      - 积极回应幼儿的社会性行为
    - 教师和幼儿的相互作用
      - 教师:直接"教"和间接"教"
      - 幼儿:接受学习和发现学习

知识梳理

第一节 幼儿教师

知识点1 幼儿教师劳动的特点 【单选、简答】

（1）劳动对象的主动性和幼稚性；（2）劳动任务的全面性和细致性；（3）劳动过程的创造性和灵活性；（4）劳动手段的主体性和示范性；（5）劳动周期的长期性和劳动效果的滞后性。

知识点2 现代幼儿教师的角色

（1）教育者；（2）公共关系的协调者；（3）幼儿游戏的伙伴；（4）幼儿的第二任母亲，也是幼儿的知心朋友；（5）既是学前教育实践者，也是学前教育理论的研究者和建构者。

知识点3 幼儿教师的职业素养 【单选、判断、论述】

职业素养：

- 职业道德
  - 对待事业，要爱岗敬业（基本前提）
  - 对待幼儿，要接纳热爱（核心）
  - 对待家长，要尊重合作
  - 对待同事，要团结协作
  - 对待自己，要以身作则
- 儿童观和教育观
  - 儿童权利观和民主平等的师生观
  - 儿童特质观和适宜教育观
  - 幼儿主体观和幼儿教育方法观
- 专业知识和技能
  - 知识结构
    - 广博的文化基础知识
    - 扎实的幼儿教育理论基础
  - 能力结构
    - 观察和了解儿童的能力
    - 设计教育活动的能力
    - 组织管理能力
    - 对幼儿进行行为辅导的能力
    - 沟通的能力
    - 独立思维与创造的能力
    - 适应新情境的能力
    - 灵活转变角色的能力
    - 反思能力
- 良好的心理素质
- 健康的身体素养

知识拓展

教师的沟通能力

教师的沟通能力主要包括教师与幼儿、教师与家长的沟通能力和促进幼儿之间相互沟通的能力。其中，教师与幼儿沟通主要有两个方面：非言语沟通与言语沟通。

（1）非言语的沟通。运用微笑、点头、抚摸、搂抱等方式与幼儿沟通。

（2）言语的沟通。教师和幼儿直接交谈。

幼儿园教师要与幼儿实现有效沟通，除教师要与幼儿平等交流外，还需要掌握一些技能。

技能	表现
引发交谈	善于用多种方法引起幼儿对某个特定话题的兴趣
倾听	热情地接纳和鼓励幼儿谈话、提问，让幼儿产生"老师很喜欢听我说"的喜悦感和自信心
扩展谈话	引导幼儿把谈话延续、深入下去
面向全体、注意差异、有针对性地谈话	根据幼儿的特点使用不同的话题、方式、词汇、语速等有效地刺激幼儿交谈
结束交谈	适时地结束谈话，让幼儿表现出满足感

第二节 儿童观

知识点1 儿童观的内涵

儿童观是成人如何看待和对待儿童观点的总和。儿童观的结构可以分为自然的、社会的和精神的三个层面，即承认儿童是自然的、社会的和精神的存在。

知识点2 儿童观的价值取向

	国家本位的儿童观	家族本位的儿童观	个人本位的儿童观
概念	以国家利益为根本出发点	以家族利益为根本出发点	以儿童利益为根本出发点

续表

	国家本位的儿童观	家族本位的儿童观	个人本位的儿童观
表现	将儿童看成国家的财富、未来的劳动者，是国家延续与富强的一种"工具"	将儿童视为家族的"私有财产"，是家族继承、繁衍和光宗耀祖的"工具"	从儿童自身发展的需要和规律出发看待儿童的成长、教育等问题

知识点3 儿童观的发展演变 【单选、简答】

古代的儿童观	近代的儿童观	现代社会的儿童观
①以成人为本，儿童对成人具有依附关系，儿童没有作为人的权利；②儿童是国家未来的兵源和劳动者，是家族香火的"延续"，是光宗耀祖的"希望"；③人们对儿童的特质和能力有了最初的认识，认为儿童是"无知无能"的，具有"可塑性"；④以男性为中心，男尊女卑，女童的地位极其低下	①对儿童有了"新的发现"，人们开始意识到儿童作为一个独立个体所具有的价值和权益；②儿童具有天赋力量，具有可发展的潜能；③女子的地位有所改善，但男女不平等的问题依然存在	①儿童是人，具有与成年人一样的人的一切基本权益，具有独立的人格；②儿童是一个不断发展的整体，应尊重并满足儿童各种发展的需要；③儿童的发展具有个体差异性；④儿童具有巨大的发展潜能；⑤儿童具有主观能动性；⑥男女平等

知识点4　正确儿童观的树立

正确儿童观
- 儿童有各种合法权利
- 儿童的成长受制于多种因素
- 儿童发展的潜力要及时挖掘
- 儿童是连续不断发展的
- 儿童发展具有差异性
- 儿童通过活动得到发展
  - 内部活动
  - 外部活动
    - 实物操作活动
    - 人际交往活动
- 儿童发展具有整体性

第三节　师幼关系

知识点1　师幼关系的内涵　【单选】

师幼关系是指幼儿教师与幼儿在保教过程中形成的比较稳定的人际关系。相对于亲子关系和同伴关系，师幼关系对幼儿的学习和幼儿园适应方面的影响最为突出。

知识点2　优质师幼关系的特征　【单选】

特征	表现
互动性	教师与儿童之间双向交流
民主性	使儿童感受到教师的民主作风
互主体性	从对方那里得到体认，彼此映照，从对方那里"看到"自己
分享性	教师与幼儿之间在经验、信息、情感、认识等方面的意义分享
激励性	教师与幼儿之间在一定的活动中的相互激发

知识点3　建立优质师幼关系的策略　【简答】

策略 {
- 关爱幼儿
- 与幼儿经常性的平等交谈
- 参与幼儿的活动
- 与幼儿建立个人关系
- 积极回应幼儿的社会性行为
}

知识点4　教师和幼儿的相互作用　【判断】

1. 教师"教"的活动

（1）直接"教"的方式

①含义：直接把教育的内容传递给幼儿。

②优缺点：

优点	缺点
清楚明确、系统有序、省时经济	幼儿难以真正理解和运用； 容易形成教师向幼儿的单向灌输； 幼儿主动性、创造性难以发挥

（2）间接"教"的方式

①含义：通过环境中适当的中介，迂回地达到教育目的。

②优缺点：

优点	缺点
充分发挥幼儿的自主性； 丰富了幼儿的交往对象，也有利于提高活动的效果； 幼儿会不知不觉地接受教育影响	幼儿获得的知识、经验容易陷入表面、缺乏系统性，有时甚至会得出错误结论； 教师指导困难

2. 幼儿"学"的活动

（1）幼儿是自身学习的主体。

（2）幼儿的"接受学习"和"发现学习"。

接受学习	①含义：通过教师的言语讲授获得知识、技能、概念等。 ②注意：把"教师讲、幼儿听"笼统地斥为机械灌输的说法是不对的
发现学习	①含义：通过动手操作、亲自实践、与人交往等去发现自己原来不知道的东西 ②注意：幼儿的学习是否有意义，关键是教师能否激发幼儿的主动性，而不在于教给幼儿采用哪种学习方式

要点回顾

1. 幼儿教师劳动的特点。
2. 幼儿教师的能力结构。
3. 现代社会儿童观的内容。
4. 优质师幼关系的特征。
5. 建立优质师幼关系的策略。
6. 直接"教"的优缺点。

第六章 幼儿园教育活动

思维导图

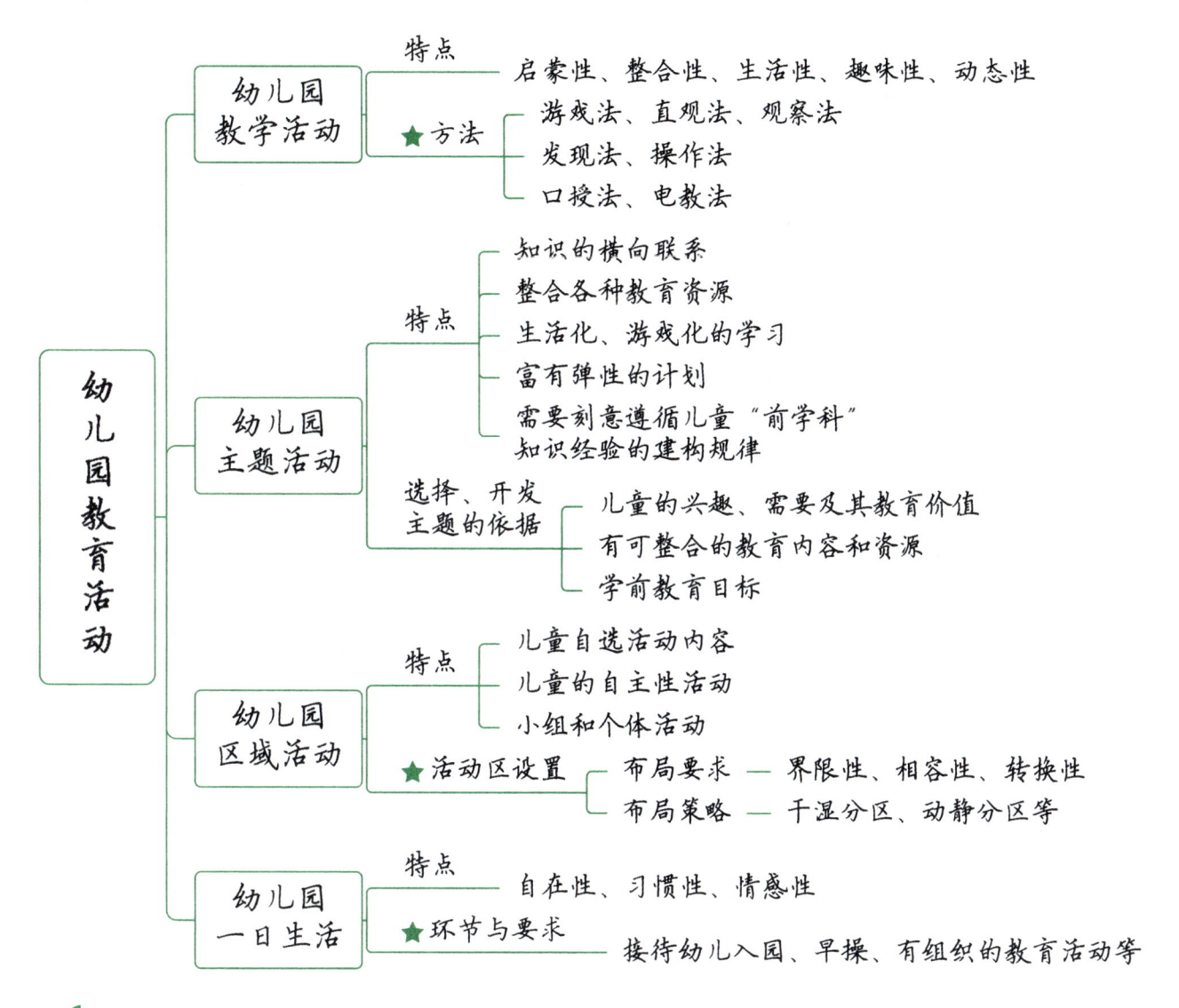

- 幼儿园教育活动
  - 幼儿园教学活动
    - 特点：启蒙性、整合性、生活性、趣味性、动态性
    - ★方法
      - 游戏法、直观法、观察法
      - 发现法、操作法
      - 口授法、电教法
  - 幼儿园主题活动
    - 特点
      - 知识的横向联系
      - 整合各种教育资源
      - 生活化、游戏化的学习
      - 富有弹性的计划
      - 需要刻意遵循儿童"前学科"知识经验的建构规律
    - 选择、开发主题的依据
      - 儿童的兴趣、需要及其教育价值
      - 有可整合的教育内容和资源
      - 学前教育目标
  - 幼儿园区域活动
    - 特点
      - 儿童自选活动内容
      - 儿童的自主性活动
      - 小组和个体活动
    - ★活动区设置
      - 布局要求——界限性、相容性、转换性
      - 布局策略——干湿分区、动静分区等
  - 幼儿园一日生活
    - 特点：自在性、习惯性、情感性
    - ★环节与要求：接待幼儿入园、早操、有组织的教育活动等

知识梳理

第一节 幼儿园教学活动

知识点1 幼儿园教学活动的内涵

内涵
- 有目的、有计划、有组织地促进幼儿身心发展的活动
- 由幼儿教师的"教"和幼儿的"学"组成的双边活动
- 以教师为主导的"教"为以幼儿为主体的"学"服务

知识点2　幼儿园教学活动的特点　【单选】

特点	表现
启蒙性	幼儿获得的知识是粗浅的、基础的、具体的、容易理解的、简单的
整合性	把不同类型、不同性质的事物组合在一起，使它们成为一个整体
生活性	首先体现在幼儿园教学活动的内容方面。其次体现在幼儿园教学活动的途径与环境、场所方面
趣味性	体现在活动内容以及活动形式上，还体现在活动环境和材料的丰富多样上
动态性	反映在活动过程上，也体现在教学活动环境上的动态（不断地调整环境）

知识点3　幼儿园教学活动的原则

原则	表现
活动性	通过感知、操作、体验、交流来进行学习
发展性	使儿童在原有的发展水平上得到发展
科学性和教育性	帮助幼儿形成正确的概念，并进行道德品质教育
连续性和渗透性	保持各种教育活动特定的体系和经验的连续，又互相渗透、有机联系
集体教学活动与个别教学活动相结合	既要保证一定的集体活动时间，又要为儿童提供充分的、个别活动的机会
整体性和一致性	①保证目标的整体性；②保证目标与内容、原则、方法、实施过程的整体性和一致性；③保证集体教学活动的设计和实施的整体性和一致性
直接指导与间接影响相结合	要善于处理好两种指导的关系，以保证幼儿在活动中充分发挥主动性和创造性
巩固性	对已学习的内容加以巩固

知识点4 幼儿园教学活动的方法 【单选、判断、填空】

方法		含义
游戏法		采用游戏或以游戏的口吻进行教育教学
直观法	演示法	教师通过向儿童展示各种实物或直观教具，引导儿童按一定的顺序注意物体的各个方面和各种特征，使他们获得对某一事物或现象较完整的认知。 例：教师为幼儿做纸杯托水的小实验
	示范法	教师通过自己的语言、动作所做的教学表演，为儿童提供具体模仿的范例。 例：教幼儿学习舞蹈动作时，教师先做动作，供幼儿模仿学习
	范例法	向儿童出示各种样品，如绘画、纸工、泥工样品等，供儿童观察、模仿学习。 例：出示事先准备好的手工样品，供幼儿观察
观察法		儿童在教师或成人指导下，有目的地感知客观事物的过程和儿童自发的观察过程
发现法		提供给儿童进行发现活动的材料，使他们通过自己的探索、尝试过程，自行发现问题和解决问题
操作法		儿童按照一定的要求和程序通过自身的实践活动进行学习
口授法	讲解	用儿童能理解的语言来解释和说明某事某物
	讲述	通过口头语言生动地叙述事物、朗诵文艺作品的一种语言表达方式
	提问	通过提出启发儿童思维的问题，组织儿童进行回答和讨论
	谈话	根据儿童已有的知识和经验，通过提问，引导儿童思考交流获得相应的知识经验的一种互动教育方法

续表

方法		含义
口授法	讨论	在教师的指导下，通过提出交流话题，引导幼儿在已有知识经验的基础上，围绕话题各抒己见，辨明是非真伪，以此提高认识或弄清问题。 讨论法是有效提高儿童认识、情感、意志与行为水平的重要方法
电教法		运用多媒体课件等现代教学手段的一种先进的教学方法

> **学霸点睛**
> 谈话法和讨论法的不同：
> 谈话法——教师和儿童进行交流互动。
> 讨论法——教师指导儿童针对某一问题进行交流互动。

第二节　幼儿园主题活动

知识点1　幼儿园主题活动的内涵

主题活动是指围绕着贴近儿童生活的某一中心内容即主题作为组织课程内容的主线来组织教育教学的活动。

知识点2　幼儿园主题活动的特点　【单选】

特点
- 知识的横向联系
- 整合各种教育资源
- 生活化、游戏化的学习 ←—— 向资生谈（弹）钱（前）。
- 富有弹性的计划
- 需要刻意遵循儿童"前学科"知识经验的建构规律

知识点3　选择、开发主题的依据

依据
- 儿童的兴趣、需要及其教育价值
- 有可整合的教育内容和资源
- 学前教育目标

第三节 幼儿园区域活动

知识点1 幼儿园区域活动的内涵

区域活动，也叫"活动区活动"，指的是教师以教育目标、儿童感兴趣的活动材料和活动类型为依据，将活动室的空间相对划分为不同区域，吸引儿童自主选择并在活动区中通过与材料、环境、同伴的充分互动而获得学习与发展的活动。

知识点2 幼儿园区域活动的特点 【多选】

特点
- 儿童自选活动内容
- 儿童的自主性活动
- 小组和个体活动

知识点3 活动区域的设置

1. 活动区域的布局要求 【单选、多选】

布局要求	含义
界限性	各活动区要划分清楚，界限明确，便于儿童开展活动和教师进行管理
相容性	尽量把性质相似的活动区安排在一起，以免相互干扰
转换性	要考虑儿童可能出现的将一个活动区内的活动延伸转换至其他活动区的需要

2. 活动区的布局策略 【单选、判断】

策略	表现	举例
干湿分区	用水的区域和不用水的区域分开	美工区和图书区分开
动静分区	热闹的区域和安静的区域分开	音乐区和数学区分开
相对封闭性	活动区有相对封闭的空间	用玩具柜把图书区和其他区域隔开
就近	活动区离所需材料近一些	美工区离水源近一些
方便通畅	活动室内的"交通"畅通无阻	各个门口最好不要设置活动区

3. 活动区材料的投放 【单选】

投放原则	含义	举例
目的性和适宜性	目的性：与教育目标相一致	为实现"发展幼儿小肌肉动作"这一目标，在活动区投放系扣子活动材料
	适宜性：根据儿童的年龄特点投放材料	小班幼儿爱模仿，活动区投放的玩具或材料种类可以少，但同类玩具或材料的数量要多
丰富性和层次性	丰富性：提供数量充足和形式、功能多样的材料（丰富的材料不是越多越好）	教师在表演区投放了各种各样的帽子、面具、头饰、假发……
	层次性：<u>提供能满足不同水平儿童发展需要的材料</u>	钓鱼玩具的鱼钩线设计得长短不一
启发性、操作性、探索性	①有利于幼儿创造力的发展；②有利于幼儿动手操作；③激发幼儿的探索欲望	投放可变、可操作的材料
自主性	发挥儿童的主体作用	鼓励幼儿一起准备材料
兴趣性	激发儿童的兴趣	投放儿童感兴趣的材料
整合性和开放性	①整合多方资源；②材料放置的开放性	邀请家长共同投放材料

知识点4 区域活动观察与指导的注意事项

注意事项 ｛ 尽量让儿童自己去探索、发现、思考，不急于提供答案
应加强区域间的配合、渗透，加强横向联系
保证区域活动的时间和空间

第四节　幼儿园一日生活

知识点1　幼儿园的生活活动的概念

概念
- 广义
  - 教师组织的活动（如幼儿的生活活动、劳动、教学活动等）
  - 幼儿的自主自由活动（如自由游戏、区角自由活动）
- 狭义：进餐、饮水、睡眠、盥洗、如厕等

知识点2　幼儿一日生活的特点

特点
- 自在性（较随意）
- 习惯性（日积月累形成良好习惯）　→请（情）自习。
- 情感性（获得满足感、充实感和自信心）

知识点3　幼儿园一日生活活动的组织原则

原则
- 保教结合
- 一致性和灵活性相结合
- 全面管理与个别照顾相结合
- 支持性与主动性相结合
- 丰富性与流畅性相结合

知识点4　幼儿园一日生活的环节与要求　【单选、填空】

一日生活主要环节包括：接待幼儿入园、早操（或间操）、有组织的教育活动、间隙活动、游戏或自由活动、盥洗、进餐、睡眠、午点、户外游戏、劳动、散步、实验操作活动、离园、晚间活动。

（1）在接待幼儿入园环节，需要对幼儿进行晨检。

晨检重点	"检"，即检查幼儿的身心状况
晨检步骤	一问：询问家长，了解儿童在家的健康状况，如食欲、睡眠、大小便、精神等，以及有无传染病接触史
	二摸：摸儿童额部、手心是否发烫，摸腮腺及淋巴有无肿大
	三看：观察儿童的精神状态以及脸色是否正常、眼睛是否有流泪、眼结膜是否充血、皮肤是否有皮疹等
	四查：检查儿童口袋里有无不安全的东西

（2）在睡眠环节中，睡眠室要保持安静。

照顾好幼儿睡眠的三条标志：

①按时睡，睡得好，按时醒，醒后精神饱满愉快；

②睡够应睡的时间，要以孩子为主，不能任意减少或增加睡眠时间；

③保持良好的睡眠姿势和习惯。

要点回顾

1. 幼儿园教学活动的特点。
2. 幼儿园教学活动的方法。
3. 幼儿园主题活动的特点。
4. 幼儿园区域活动的特点。
5. 活动区域的布局要求。
6. 活动区材料投放的原则。
7. 晨检的步骤。

第七章 幼儿游戏

思维导图

- 幼儿游戏
  - 幼儿游戏概述
    - ★ 游戏理论
      - 早期的传统游戏理论
      - 精神分析学派的游戏理论
      - 皮亚杰的认知发展游戏理论
      - 游戏的唤醒理论和元交际理论
      - 社会文化历史学派的游戏理论
    - ★ 游戏特点
      - 游戏是儿童自主自愿的活动
      - 儿童重视游戏的过程，而非游戏的结果
      - 游戏是充满想象和创造的活动
      - 游戏具有假想成分，是在假想的情境中反映社会生活，是虚构和现实统一的活动
      - 游戏是能给儿童带来积极情感体验的活动
      - 游戏是具体的活动
    - 价值：促进幼儿身体、认知、社会性、情感的发展
  - 幼儿游戏的类型
    - 按幼儿对游戏体验形式的分类：机能游戏、想象游戏、接受游戏、制作游戏
    - ★ 以儿童社会性发展为依据的分类：偶然的行为、游戏的旁观者、单独游戏、平行游戏、联合游戏、合作游戏
    - ★ 以认知发展为依据的游戏分类：感觉机能性游戏、象征性游戏、结构性游戏、规则性游戏
    - ★ 以游戏的教育作用为依据的游戏分类
      - 创造性游戏：角色游戏、结构游戏、表演游戏
      - 规则性游戏：体育游戏、智力游戏、音乐游戏
    - 以儿童行为表现为依据的游戏分类：语言游戏、动作技能游戏、想象游戏、交往游戏、表演游戏
    - 以教育的目的性为依据的游戏分类：自发游戏和教学游戏

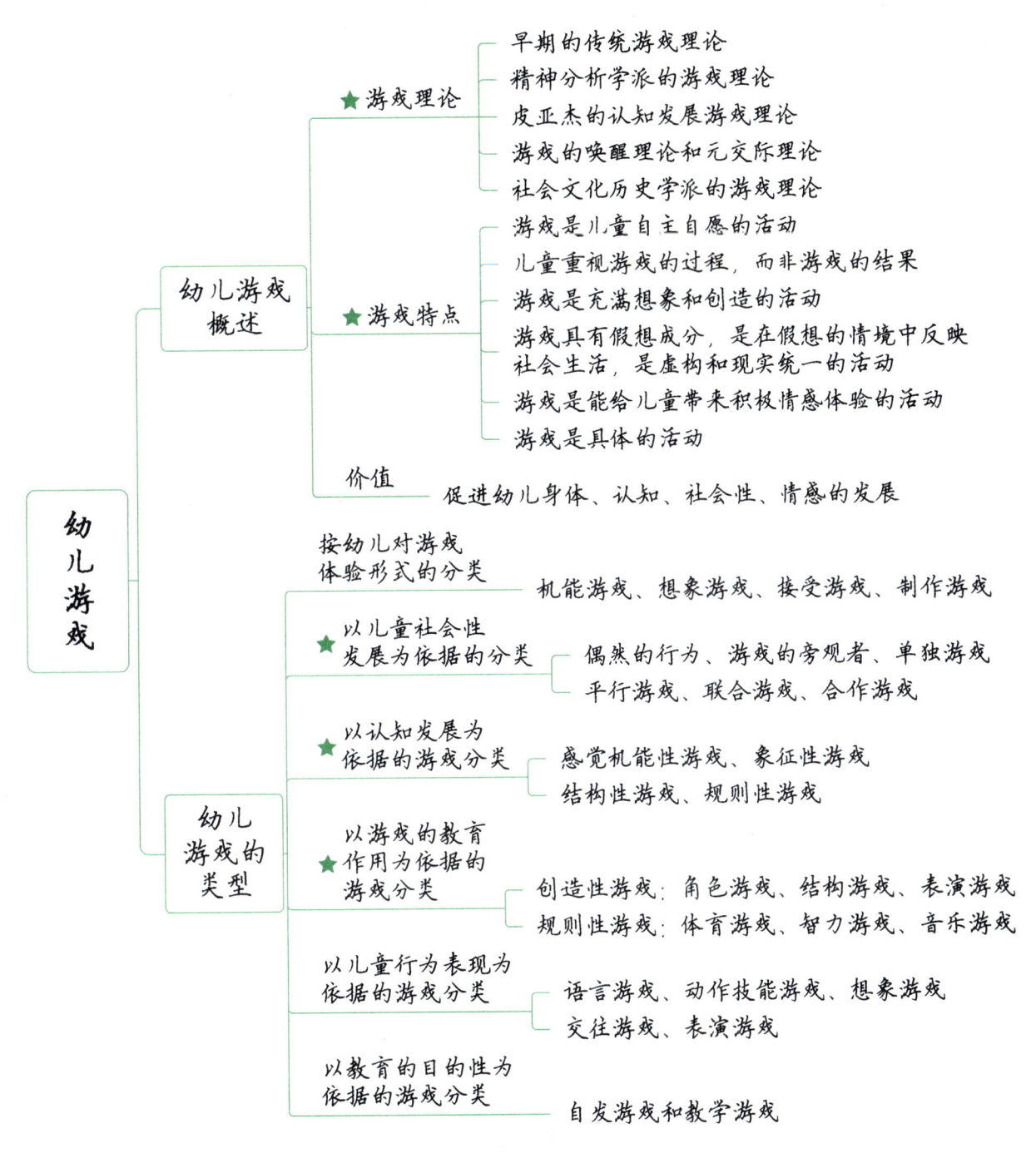

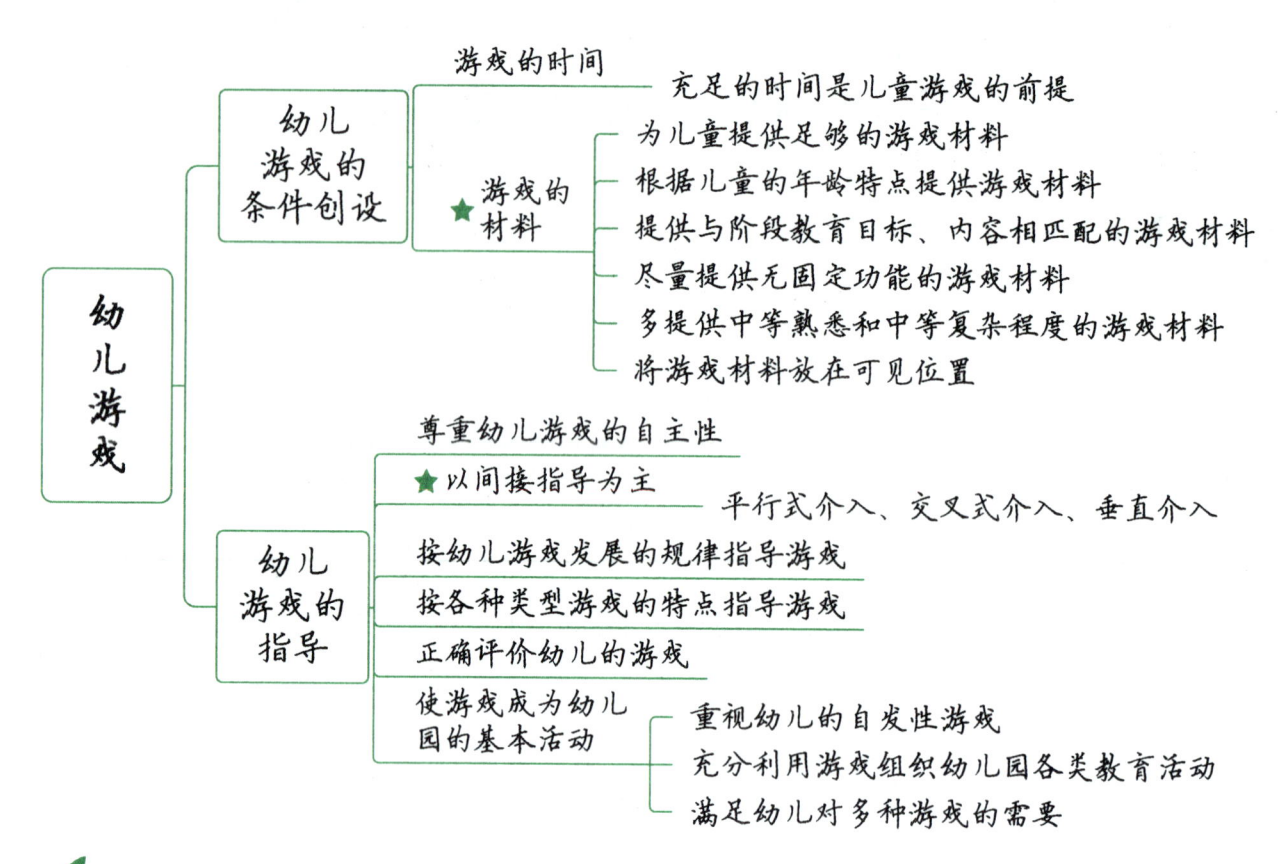

```
                          ┌─ 游戏的时间 ─── 充足的时间是儿童游戏的前提
             ┌─ 幼儿游戏的 ─┤              ┌─ 为儿童提供足够的游戏材料
             │   条件创设   │              ├─ 根据儿童的年龄特点提供游戏材料
             │             └─ ★游戏的 ────┼─ 提供与阶段教育目标、内容相匹配的游戏材料
             │                材料         ├─ 尽量提供无固定功能的游戏材料
             │                             ├─ 多提供中等熟悉和中等复杂程度的游戏材料
幼儿游戏 ────┤                             └─ 将游戏材料放在可见位置
             │             ┌─ 尊重幼儿游戏的自主性
             │             ├─ ★以间接指导为主 ─── 平行式介入、交叉式介入、垂直介入
             │             ├─ 按幼儿游戏发展的规律指导游戏
             └─ 幼儿游戏的 ┼─ 按各种类型游戏的特点指导游戏
                 指导      ├─ 正确评价幼儿的游戏
                           └─ 使游戏成为幼儿 ┌─ 重视幼儿的自发性游戏
                              园的基本活动   ├─ 充分利用游戏组织幼儿园各类教育活动
                                            └─ 满足幼儿对多种游戏的需要
```

知识梳理

第一节 幼儿游戏概述

知识点1 游戏的概念

游戏是一种主动、自愿、愉快、假想的社会性活动，是学前儿童获得知识的最有效手段。

知识点2 幼儿游戏理论 【单选、判断】

1. 早期的传统游戏理论

理论	代表人物	观点
复演说	霍尔	游戏是远古时代人类祖先的生活特征在儿童身上的重演
精力过剩说	席勒、斯宾塞	游戏是儿童借以发泄体内过剩精力的一种方式
机能快乐说	彪勒	游戏是儿童从行动中获得机体愉快的手段
生活预备说	格罗斯	游戏是儿童对未来生活的无意识的准备
松弛说	拉扎鲁斯	游戏不是源于精力的过剩，而是来自于放松的需要

续表

理论	代表人物	观点
成熟说	博伊千介克	反对生活准备说，认为游戏不是本能，而是一般欲望的表现

2. 精神分析学派的游戏理论

代表人物	观点
弗洛伊德	游戏是满足现实生活中不能满足的欲望和克服创伤性事件的手段
埃里克森	游戏是情感和思想的一种健康的发泄方式

3. 皮亚杰的认知发展游戏理论

（1）游戏是幼儿认识新的复杂客体和事件的方法，是巩固和扩大概念、技能的方法，是使思维和行动结合起来的方法。

（2）皮亚杰认为，从认知活动的本质来看，游戏的特征是"同化"超过了"顺应"。

4. 游戏的唤醒理论和元交际理论

理论名称	观点	指导意义
唤醒理论（觉醒理论）	游戏的作用在于探寻和调节外部和内部刺激的数量，增强刺激，提高觉醒水平，以产生最佳的平衡	当幼儿新入园时，全新的环境可使觉醒水平增高，孩子感到紧张、敏感、害羞、退缩。这时教师应当安排一些镶拼图形之类的独自游戏或其他认知性成分较高的安静性活动
元交际理论	游戏是以一种"玩"和"假装"为背景表现种种现实生活的行为，将人类的表层活动与活动的深层含义联系起来，引导游戏者在联系中增进认识	—

5. 社会文化历史学派的游戏理论

代表人物	理论观点
维果斯基	儿童看到周围成人活动就会模仿，并把这些活动迁移到游戏之中
鲁宾斯坦	游戏是解决新的需要和本身的有限能力之间的矛盾的一种活动
艾里康宁	出版了《游戏心理学》，重点研究了儿童的角色游戏，认为角色游戏是儿童的典型游戏

📖 **知识点3　幼儿游戏的特点**　【单选、多选、简答、案例分析】

特点
① 是自主自愿的活动（自主性）
② 重视的是游戏的过程，而非游戏的结果（非功利性）
③ 是充满想象和创造的活动（想象性）　　→ 公（功）主想学会越（悦）剧（具）。
④ 具有假想成分，是在假想的情景中反映社会生活，是虚构和现实统一的活动（虚构性和社会性）
⑤ 能给儿童带来积极情感体验（愉悦性）
⑥ 是具体的活动（具体性）

📖 **知识点4　幼儿游戏的价值**　【单选、简答、案例分析】

价值	具体体现
促进身体发展	① 促进身体的生长发育； ② 促进基本动作和技能的发展； ③ 促进身体动作协调能力的发展； ④ 促进身体适应能力的发展
促进认知的发展	① 丰富知识，培养其学习能力； ② 促进思维能力的发展； ③ 促进想象力和创造力的发展； ④ 促进语言的发展

续表

价值	具体体现
促进社会性发展	①提供社会交往的机会，发展社会交往的能力； ②有助于幼儿克服自我中心化，学会理解他人； ③学习社会角色，增强社会角色扮演的能力； ④有助于掌握社会行为规范，形成良好的道德品质； ⑤有助于增强自制力
促进情感发展	①丰富积极的情绪情感体验； ②发展成就感，增强自信心； ③发展审美情趣和情感； ④可以消除消极的情绪情感

第二节　幼儿游戏的类型

知识点1　以幼儿在游戏中的体验形式为依据的游戏分类

类型	概念
机能游戏	幼儿反复做某个动作以示快乐和满足
想象游戏	利用玩具来模仿各种人和事物的游戏
接受游戏	通过看画册、看电视、听音乐、听故事等活动来获得乐趣的相对被动的游戏
制作游戏	运用积木、粘土、沙或纸等各种材料主动地进行创造并欣赏结果的游戏

知识点2　以儿童社会性发展为依据的游戏分类　【单选】

这种分类以帕登的研究为代表。帕登认为儿童之间的社会性互动随着年龄的增长而增加，他把游戏分为以下六种：

类型	概念
偶然的行为	没有同任何事物或任何人进行游戏，在房间里闲荡，跟随成人
游戏的旁观者	观看其他儿童的游戏，没有参与到游戏中去
单独游戏（独自游戏）	自己玩玩具，进行游戏，不参与别人的游戏，似乎没有意识到其他儿童的存在
平行游戏	在其他儿童的旁边游戏，选择一个和旁边儿童一样的玩具、材料和活动，虽然把主要精力放在自己的游戏上，但其游戏的方式却类似于其他儿童
联合游戏	在小组里与同伴交换材料，一起游戏，但事先没有确定游戏的目的
合作游戏	在小组中与大家共同游戏，有预期的目的和目标，采取分工合作的有组织的方式游戏

知识点3　以认知发展为依据的游戏分类　【单选】

类型	概念	举例
感觉机能性游戏（最早出现）	又称为练习性游戏或机械性游戏。其动因来自感觉器官所获得的快感，由简单的重复运动组成	反复敲打桌子
象征性游戏（最典型）	处于前运算阶段（2~7岁）儿童常进行的一类游戏。它是把知觉到的事物用它的替代物来象征的一种游戏形式	"娃娃家"
结构性游戏	又称建构游戏或造型游戏，是指儿童运用积木、积塑、金属材料、泥、沙等各种材料进行建构或构造，从而创造性地反映现实生活的游戏	搭积木
规则性游戏	是一种由两人以上参加的，按一定规则从事的游戏	下棋、赛跑

知识点4　以游戏的教育作用为依据的游戏分类　【单选】

类型		概念	举例
创造性游戏	角色游戏	以模仿和想象，通过扮演角色，创造性地反映周围现实生活的一种游戏	"娃娃家""医院"
	结构游戏	利用积木、积塑、泥、沙等结构材料进行建造的游戏	搭积木
	表演游戏	扮演童话、故事等文学作品中的角色，用动作、语言、表情等对童话、故事的内容进行创造性的表演的游戏	《白雪公主和七个小矮人》游戏
规则性游戏	体育游戏	以身体练习为主要内容，以发展基本动作为目的的游戏活动	老鹰捉小鸡、两人三足
	智力游戏	增进知识、发展智力的游戏	猜谜语、下棋
	音乐游戏	在歌曲或乐曲伴奏下进行的游戏	抢椅子、丢手绢

> **学霸点睛**
>
> 表演游戏和角色游戏的区别：
>
> 表演游戏的主题和内容来源于童话、故事等文学作品，而角色游戏的主题和内容来源于幼儿的现实生活，反映幼儿在现实生活中所经历的人、事、物。

知识点5　以儿童行为表现为依据的游戏分类

类型	概念
语言游戏	运用语音、语调、语词、字形等而开展的游戏
动作技能游戏	通过手脚和身体其他部位的运动而获得快乐的游戏活动
想象游戏	又被称为象征游戏、假装游戏、假想游戏，以儿童的想象为转移
交往游戏	两个以上的儿童以遵守某些共同规则为前提而开展的社会性游戏
表演游戏	以故事或童话情节为表演内容的一种游戏形式

知识点6 以教育的目的性为依据的游戏分类 【单选、多选】

类型	概念
自发游戏	儿童自己发起的、自愿参加的、自主支配的游戏
教学游戏	根据幼儿园教育大纲和课程的要求，有目的、有计划地进行设计和开展的游戏

第三节 幼儿游戏的条件创设

知识点1 游戏的时间

游戏的时间
- 充足的时间是儿童游戏的前提
  - 巧妙利用各种时间进行游戏
  - 力争每次有较长的时间进行游戏
  - 使室内游戏时间与室外游戏时间基本均等
  - 合理安排集体游戏、小组游戏和个人游戏的时间
- 减少过渡环节，提高单位时间内儿童游戏的有效时间

知识点2 游戏的环境与材料

1. 游戏的环境

（1）游戏的空间环境

①户外游戏场地

幼儿园室外可以规划自然区、玩沙区、玩水区、运动区、休闲区和活动材料区等游戏场地。

②室内游戏场地

室内游戏场地主要指活动室。

③安排游戏空间的注意事项

a. 维持适当的空间密度；

b. 开辟各种游戏区域；

c. 游戏场地要有吸引力；

d. 保证游戏场地的安全。

（2）游戏的心理环境

心理环境 { 教师应建立与儿童民主、亲切、平等、和谐的关系
建立互助、友爱的伙伴关系
教师之间的真诚相待、友好合作，是儿童最好的榜样

2. 游戏的材料 【判断】

游戏的材料 { 为儿童提供足够的游戏材料
根据儿童的年龄特点提供游戏材料
提供与阶段教育目标、内容相匹配的游戏材料
尽量提供无固定功能的游戏材料
多提供中等熟悉和中等复杂程度的游戏材料
将游戏材料放在可见位置

知识点3　儿童的自主

儿童的自主 { 自主是儿童游戏重要条件
儿童在自主游戏中得到主动发展

第四节　幼儿游戏的指导

游戏是幼儿自主的活动，并不是说幼儿的游戏不需要教师的指导。相反，教师在幼儿游戏中起着很重要的作用。教师对幼儿游戏的指导必须以保证幼儿游戏的特点为前提。否则，一切指导都可能是徒劳的，甚至可能成为幼儿发展的障碍。

知识点1　尊重幼儿游戏的自主性

（1）尊重幼儿游戏的意愿和兴趣。

（2）尊重幼儿游戏的氛围和游戏中的想象、探索、表现、创造。

知识点2　以间接指导为主　【单选、简答】

以间接指导为主
- 丰富儿童的生活经验（幼儿游戏的基础和源泉）
- 观察并合理参与儿童游戏
  - 观察的内容
    - 游戏与环境
    - 游戏中的课程和教师
    - 游戏中的学前儿童
  - 观察的方法
    - 扫描观察法
    - 定点观察法
    - 追踪观察法
  - 参与儿童的游戏
- 教师对幼儿游戏的介入
  - 介入的时机
    - 当游戏出现困难时介入
    - 当必要的游戏秩序受到威胁时介入
    - 当幼儿对游戏失去兴趣或准备放弃时介入
    - 在游戏内容发展或技能方面发生困难时介入
  - 介入的方式
- 正面评价游戏

> **知识扩展**
> 1. 游戏观察的方法

方法	含义	适用情况
扫描观察法	在相等的时间段里对观察对象依次轮流进行观察	粗线条地了解全班儿童的游戏情况
定点观察法	固定在游戏中的某一区域进行观察	了解某主题或区域幼儿的游戏情况
追踪观察法	确定1~2个学前儿童作为观察对象，观察他们在游戏活动中的各种情况，固定人而不固定地点	了解个别儿童在游戏中的发展水平

2. 教师介入幼儿游戏的方式

分类依据	介入方式	含义
影响活动的形式	平行式介入	在幼儿附近和幼儿玩相同或不同材料的游戏，目的在于引导幼儿模仿
	交叉式介入	教师通过与幼儿角色间的互动，起到指导幼儿游戏的作用
	垂直式介入	幼儿游戏出现严重违反规则或攻击性等危险时，教师直接介入游戏，对幼儿的行为进行直接干预
介入媒介的不同	语言介入	发问、提示、鼓励与赞扬等
	非语言介入	利用身体语言、动作示范以及通过材料提供、场地布置等给予支持

知识点3　按幼儿游戏发展的规律指导游戏　【多选、简答】

小班幼儿的游戏特点	中班幼儿的游戏特点	大班幼儿的游戏特点
①目的性不强； ②兴趣不稳定； ③兴趣持续时间短； ④重内容，轻规则	①游戏水平极大提高，需要不断拓展游戏空间； ②自主性与主动性进一步发展，需要宽松、安全的探索环境； ③同伴交往需求与能力进一步发展，需要良好的社会性发展氛围； ④想象的有意性水平提高，需要更大的表达与创造的空间； ⑤具体形象思维表现突出，需要具体的活动情境与活动形式	①游戏的自我评价能力逐步提升； ②合作意识逐渐增强； ③规则意识逐步形成； ④动作灵活、控制能力明显增强

知识点4 按各种类型游戏的特点指导游戏

1. 角色游戏的指导 【简答】

（1）角色游戏组织与指导的原则

①主体性原则，允许幼儿自由选择游戏及游戏中的角色；

②个性化原则，体现层次性，满足幼儿的发展需要；

③开放、随机性原则，适时介入给予指导。

（2）角色游戏的指导环节与要点

指导环节与要点
- 前期准备
  - 丰富幼儿的生活经验
  - 提供适合的场所以及丰富的游戏材料
  - 提供充足的游戏时间
- 过程中的现场指导
  - 鼓励和启发幼儿按照自己的意愿自主确定游戏主题
  - 教会幼儿分配游戏角色
  - 观察、参与幼儿游戏，尊重幼儿个体差异性，给予适宜的指导
- 结束环节
  - 愉快地结束游戏，培养幼儿对游戏的兴趣
  - 引导幼儿收拾游戏材料和场地，培养幼儿良好的习惯
  - 评价游戏，丰富幼儿的游戏经验，提升游戏水平

（3）各年龄段角色游戏的特点与指导要点

小班	特点	①处于独自游戏、平行游戏的高峰期； ②角色意识不强； ③游戏主题单一、情节简单
	指导要点	①教师为幼儿提供的玩具种类少，但每种玩具的数量较多，避免幼儿因相互模仿而争抢玩具，满足幼儿平行游戏的需要； ②教师以游戏者的身份介入游戏，引导、培养幼儿的规则意识； ③通过游戏评价不断丰富游戏经验

续表

中班	特点	①游戏的内容与情节较小班不断丰富； ②处于联合游戏阶段，游戏主题丰富，但不稳定； ③希望与别人交往，但欠缺交往技能； ④角色意识较强，能够按照自己选定的角色开展游戏
	指导要点	①为幼儿提供丰富且富有变化的游戏材料，鼓励幼儿不断丰富游戏主题； ②以游戏者的身份介入游戏，指导游戏； ③通过幼儿讨论等形式展开游戏评价； ④指导幼儿在游戏中逐渐掌握社会规则和交往技能，逐渐学会独立解决问题
大班	特点	①游戏经验丰富，主题新颖，内容丰富，游戏所反映的人际关系较为复杂； ②处于合作游戏阶段，喜欢与伙伴共同游戏； ③能按照自己的愿望主动选择游戏主题，并有计划地开展游戏； ④在游戏中独立解决问题的能力增强
	指导要点	①与幼儿一起准备游戏环境，侧重语言引导； ②给幼儿提供必要的条件和机会以及适当的引导； ③允许并鼓励幼儿在游戏中进行创造； ④通过多种形式开展游戏讲评

2.结构游戏的指导

（1）结构游戏的指导原则

①坚持循序渐进的原则；

②坚持自发与示范相结合，培养幼儿结构造型的能力；

③坚持创新。

(2) 结构游戏的指导策略

①创设良好的游戏环境；

②丰富幼儿对建构物的感性经验；

③引导幼儿掌握结构造型的基本技能；

④按照儿童的年龄特点指导结构游戏。

(3) 各年龄段结构游戏的特点与指导要点

小班	特点	①结构游戏缺乏目的性和计划性； ②选用结构材料盲目、简单； ③建构技能简单、重复； ④对游戏的坚持性较差
	指导要点	①引导幼儿认识结构材料； ②带领幼儿参观中、大班幼儿的建构活动，引起幼儿对建构活动的兴趣； ③为幼儿安排场地，准备足够数量的结构玩具； ④指导幼儿学习基本的构造技能，建构简单的物体； ⑤建立结构游戏简单的规则； ⑥教给幼儿整理和保管玩具的简单方法
中班	特点	①目的比较明确，能初步了解结构游戏的计划； ②对操作过程有浓厚的兴趣，关心结构成果； ③能围绕结构物开展游戏，会按主题进行构建； ④能独立地整理玩具
	指导要点	①丰富幼儿的生活经验； ②引导幼儿学习设计结构方案，有目的地选材； ③指导幼儿掌握结构技能并会应用技能塑造物体； ④鼓励幼儿独立地进行创造性的建构活动； ⑤组织结构活动小组（3~4人）进行集体建构活动； ⑥组织幼儿评议结构成果

续表

大班	特点	①目的性、计划性和持久性增强，建构内容丰富，使用材料增多，有一定的独立构造能力； ②能合作选取丰富多样的材料，围绕主题进行较复杂的建构； ③希望自己的作品有新意，追求结构的逼真和完美
	指导要点	①丰富幼儿的结构造型知识和生活印象； ②指导幼儿学习表现物体的细节和特征； ③指导幼儿制订计划； ④重点指导幼儿掌握并应用新的技能； ⑤教育幼儿重视结构成果； ⑥引导幼儿开展参加人数多、持续时间长的大型结构活动

3. 表演游戏的指导

(1) 表演游戏的指导原则

指导原则 { 游戏性先于表演性
　　　　　 游戏性与表演性应当很好地融合、交织在一起

(2) 组织和指导表演游戏的注意事项

注意事项 { 协助幼儿选择表演游戏的主题，选择适合表演的文学作品
　　　　　 激发儿童对表演游戏的兴趣
　　　　　 创设适合表演的游戏环境，提供表演游戏的物质条件
　　　　　 帮助幼儿组织表演活动，指导幼儿分配角色
　　　　　 指导幼儿表演的技能，鼓励幼儿自然生动地表演
　　　　　 引导幼儿积累社会经验，提高表演水平

(3) 中、大班幼儿表演游戏的特点与指导要点

中班	特点	①可以自行分配角色，但角色更换意识不强； ②游戏的目的性、计划性差，以一般性表现为主，以动作为主要表现手段
	指导要点	①为幼儿提供适宜的游戏时间和空间； ②为幼儿准备封闭或半封闭的空间； ③为幼儿提供的材料要简单易搭，以2~4种为宜； ④游戏最初阶段，教师要帮助幼儿做好分组工作，讲解角色更换原则； ⑤不要过多干预幼儿的游戏，不要急于示范，要耐心等待幼儿协商、讨论，提醒幼儿坚持游戏主题； ⑥在游戏展开阶段，教师应帮助幼儿提高角色表现意识，可以参与游戏，为幼儿提供适当的示范
大班	特点	①能独立完成角色分配任务，有很强的角色更换意识； ②目的性、计划性较强，能自觉表现故事内容； ③具有一定的表演意识，但尚待提高； ④具备一定的表演技巧，能灵活运用多种表现手段，但表演水平尚待提高
	指导要点	①为幼儿提供种类较多的游戏材料以鼓励和支持他们进行多样化探索； ②在游戏的最初阶段，教师除了提供时间、空间和基本材料外，应尽可能少地干预幼儿； ③随着游戏的展开，教师应及时为幼儿提供反馈，反馈重点是如何塑造角色

4. 智力游戏的指导

（1）智力游戏的组织与指导原则

原则 { 选择和编制合适的智力游戏
       帮助幼儿构建规则意识
       培养幼儿的游戏策略意识，而不是教给幼儿游戏的策略

（2）各年龄段智力游戏的特点与指导要点

小班	特点	①游戏任务容易理解，易于完成； ②游戏方法明确具体； ③游戏规则要求低，通常只有一个规则； ④游戏趣味性大于实际操作性，启发性大于知识性； ⑤游戏注重幼儿的兴趣及参与意识的培养
	指导要点	①游戏所涉及的知识要适应幼儿的接受能力； ②要选择规则简单、趣味性较强的游戏； ③教师应熟悉智力游戏的目的、难点、重点、规则和游戏中的相关知识，以发挥其开发智力的作用
中班	特点	①知识性大于娱乐性，注重趣味性及幼儿实际操作能力的培养； ②游戏方法复杂多样； ③游戏规则带有更多控制性，要求相对提高； ④注重幼儿在完成游戏任务的同时，遵守规则，并在游戏中给幼儿一定的知识概念
	指导要点	①使幼儿在智力游戏中产生愉快的情绪，注意激发幼儿学习的积极性； ②注意培养幼儿动手动脑的习惯； ③应考虑幼儿的生活经验与接受能力，难度适当； ④要循序渐进，由易到难

续表

大班	特点	①知识性大于娱乐性，创造性增强； ②游戏任务较为复杂，有时一个游戏多项任务； ③游戏方法多且难度较大； ④游戏规则可以改变，幼儿可以在活动中通过协商制定新的规则
	指导要点	①应注意游戏本身的趣味性和吸引力； ②内容应有一定的难度； ③教师主要依靠语言讲解游戏，并要求幼儿独立开展游戏； ④教师对幼儿游戏的引导应多于指导； ⑤幼儿在智力游戏活动中应遵守规则，同时允许幼儿制定新规则

知识点5　正确评价幼儿的游戏

衡量游戏是否成功的标准
- ①按意愿选择玩具做游戏，在游戏中感到轻松、愉快，发挥了创造性
- ②玩一种游戏很认真，能克服困难，遵守游戏规则，不依赖他人，能够独立游戏
- ③会正确使用玩具、爱护玩具，会收放玩具
- ④在游戏中对同伴友爱、谦让，能与同伴合作，愿意帮助别人、不妨碍别人
- ⑤游戏内容健康，有益于幼儿的身心发展

知识点6　使游戏成为幼儿园的基本活动

方法
- 重视幼儿的自发性游戏
- 充分利用游戏组织幼儿园各类教育活动
- 满足幼儿对多种游戏的需要

要点回顾

1. 幼儿游戏的特点。
2. 幼儿游戏的价值。
3. 教师介入幼儿游戏的时机。
4. 教师介入幼儿游戏的方式。
5. 大班幼儿的游戏特点。
6. 角色游戏的指导环节与要点。

第八章 幼儿园班级管理与环境创设

思维导图

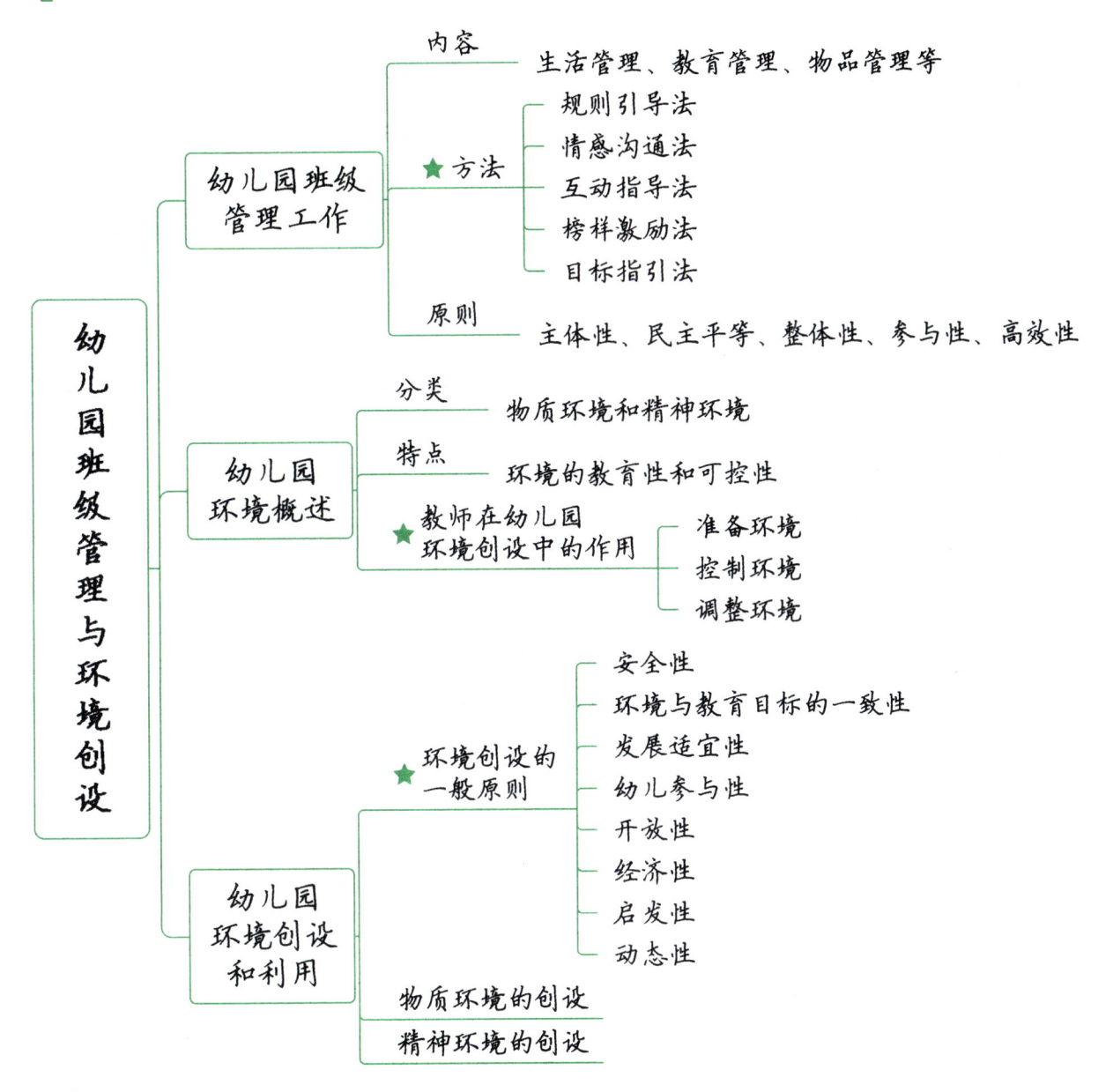

- 幼儿园班级管理与环境创设
  - 幼儿园班级管理工作
    - 内容：生活管理、教育管理、物品管理等
    - ★方法
      - 规则引导法
      - 情感沟通法
      - 互动指导法
      - 榜样激励法
      - 目标指引法
    - 原则：主体性、民主平等、整体性、参与性、高效性
  - 幼儿园环境概述
    - 分类：物质环境和精神环境
    - 特点：环境的教育性和可控性
    - ★教师在幼儿园环境创设中的作用
      - 准备环境
      - 控制环境
      - 调整环境
  - 幼儿园环境创设和利用
    - ★环境创设的一般原则
      - 安全性
      - 环境与教育目标的一致性
      - 发展适宜性
      - 幼儿参与性
      - 开放性
      - 经济性
      - 启发性
      - 动态性
    - 物质环境的创设
    - 精神环境的创设

知识梳理

第一节 幼儿园班级管理工作

知识点1 幼儿园班级管理的定义

班级教师通过计划、组织、实施、调整等环节，把幼儿园的人、财、物、时间、空间、信息等资源充分运用起来，以便达到预定的目的。

知识点2　幼儿园班级的人员结构

1. 保教人员

保教人员的数量、素质等因素直接影响到幼儿园保教目标的达成度。

2. 幼儿

幼儿是幼儿园教育的对象，是班级的主体。

知识点3　幼儿园班级管理的内容　【单选】

（1）生活管理；（2）教育管理；（3）物品管理；（4）其他管理。

知识点4　幼儿园班级管理的方法　【单选、多选】

方法	含义	操作要领
规则引导法（最直接和最常用）	用规则引导幼儿的行为	①规则的内容要明确且简单易行；②给幼儿实践的机会；③保持规则的一贯性
情感沟通法	激发和利用师生间或幼儿间以及幼儿对环境的情感	①观察幼儿的情感表现；②经常对幼儿进行移情训练；③要保持和蔼可亲的个人形象
互动指导法	促进儿童与同伴、儿童与教师、儿童与环境材料的相互作用	互动指导应具有适当性、适时性、适度性
榜样激励法	树立榜样并引导幼儿学习榜样	①榜样的选择要健康、形象、具体；②榜样的树立要公正，有权威性；③及时对幼儿表现的榜样行为做出反应
目标指引法	以行为结果作为目标	①目标要明确具体；②目标要切实可行，要具有吸引力；③目标与行为的联系要清晰可见

知识点5　幼儿园班级管理的原则

原则	含义
主体性	教师作为班级管理的主体，要充分尊重幼儿作为学习者的主体地位
民主平等	运用民主集中制的理念，广泛发动幼儿积极参与班级管理活动
整体性	面向全体幼儿并涉及班内所有管理要素
参与性	参与到幼儿的活动之中
高效性	用最少的人力、物力和时间使幼儿获得更好的发展

第二节　幼儿园环境概述

知识点1　幼儿园环境的内涵和分类

1. 幼儿园环境的内涵

（1）广义：幼儿园教育赖以进行的一切条件的总和，包括幼儿园内部的小环境，又包括园外的家庭、社会、自然、文化等大环境。

（2）狭义：幼儿园中，对幼儿身心发展产生影响的物质与精神要素的总和。

2. 幼儿园环境的分类　【单选、判断】

幼儿园环境按其性质可分为物质环境和精神环境两大类。

在具备了基本的物质条件后，对幼儿园教育起决定作用的是精神环境。

知识点2　幼儿园环境的特点

特点 { 环境的教育性
       环境的可控性

知识点3　影响幼儿园环境质量的因素

影响因素 { 物质因素
          精神因素 { 人的要素（教师影响最大）
                    幼儿园文化（潜移默化）

知识点4 教师在幼儿园环境创设中的作用 【单选】

作用
- 准备环境
  - 让环境蕴含目标
  - 增加幼儿的兴趣
  - 增强幼儿的参与意识
- 控制环境 ——→ 准备空（控）调。
  - 诱导幼儿进入活动
  - 帮助幼儿展开活动
  - 指导幼儿解决纷争、困难或情绪问题
  - 帮助幼儿结束活动
- 调整环境

第三节 幼儿园环境创设和利用

知识点1 幼儿园环境创设的一般原则 【单选、多选、简答、案例分析】

→ 全京（经）启动开发幼教。

一般原则	含义
安全性（首要）	物质条件和精神条件对幼儿的身体或心理没有危险和安全隐患
环境与教育目标的一致性	体现环境的教育性
发展适宜性	符合幼儿的年龄特征及身心健康发展的需要
幼儿参与性	幼儿与教师共同合作、共同参与
开放性	大、小环境有机结合，形成开放的幼儿教育系统。通过大小环境的配合，主要是与家庭、社区的合作，取长补短
经济性	考虑不同地区、不同条件园所的实际情况，做到因地制宜、勤俭办园
启发性	应能刺激幼儿的好奇心，引起他们的求知欲，启发幼儿去思考、探索
动态性	应随幼儿的发展和教育活动的变化而变化

知识点2　物质环境的创设方法

空间设计和利用	教室	（1）以墙面和区角为主，墙面形式多样。 （2）教室墙面环境展示的形式多种多样，主要有以下几种分类： ①平面创设、半立体创设和立体创设； ②观赏性创设和操作性创设； ③填充式创设和满幅式创设； ④记录式创设和展览式创设； ⑤幼儿作品创设和教师作品创设
	寝室	墙面装饰画可以使用较淡的色彩，画面表现安静的活动
	盥洗室	较容易拥挤的地面上画上小脚印，要求儿童按照脚印排队，有助于培养儿童良好的习惯
	走廊	活动室门前的走廊一般由教师根据本班孩子的特点布置，通常是家园互动的内容
室内设备的布置	基本设备	桌、椅、床、小柜等
	玩具、教具	玩教具运用得当，可以帮助儿童更好地理解、思维，调动儿童学习的主动性，促进教师和儿童的互动，提高课堂教学效率
室外设备及布置	室外设备	体育活动器械和无固定结构的材料（沙、水等）及玩沙、水的玩、教具
	室外活动场地设计	①固定器具区：用于放置大中型体育活动器械。可以分散放置，以避免拥挤。 ②水泥地：供儿童骑车、推车或玩拖拉玩具。行车水泥地应与儿童奔跑追逐的地方分开，以免相互冲撞。 ③草地：供儿童奔跑、跳跃，开展游戏。为避免被过度践踏，草地应设在离活动室较远的地方。 ④泥土地：可供儿童种植植物、饲养小动物

知识点 3 精神环境的创设方法 【简答】

方法
- ①热爱儿童、尊重儿童，了解儿童，与儿童建立民主、平等、和谐的关系
- ②教师之间要真诚相待，友好合作，为儿童做好榜样
- ③教育儿童要友爱、互助
- ④重视幼儿园文化建设，帮助构建良好的儿童精神环境
  - 经常表扬、鼓励幼儿
  - 持肯定、支持的态度
  - 多接纳、多欣赏

要点回顾

1. 幼儿园班级管理的内容。
2. 幼儿园班级管理的方法。
3. 幼儿园班级管理的原则。
4. 教师在幼儿园环境创设中的作用。
5. 幼儿园环境创设的一般原则。
6. 幼儿园精神环境的创设方法。

第九章　幼儿园与家庭、社区及小学的衔接

思维导图

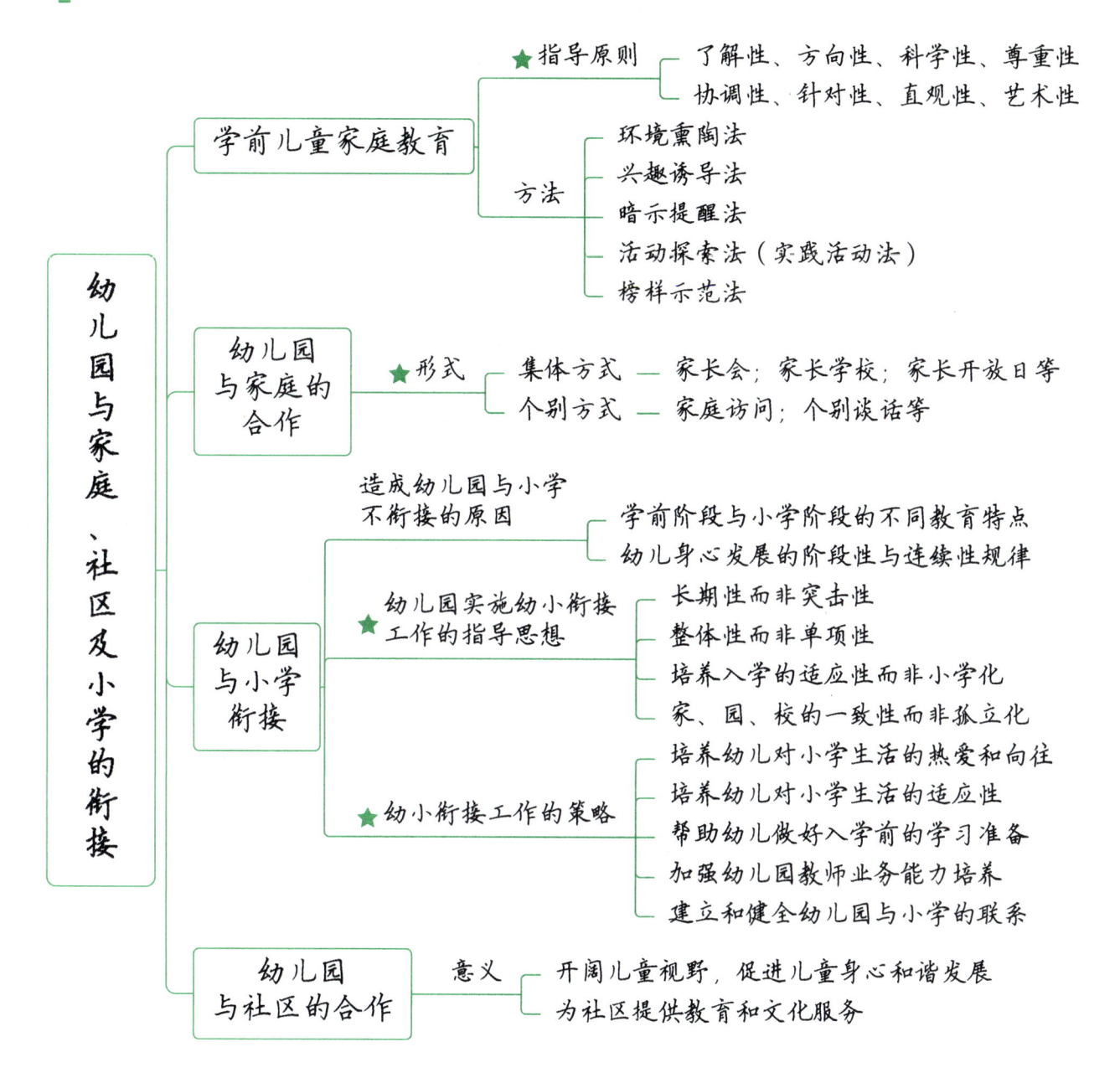

幼儿园与家庭、社区及小学的衔接
- 学前儿童家庭教育
  - ★指导原则：了解性、方向性、科学性、尊重性；协调性、针对性、直观性、艺术性
  - 方法
    - 环境熏陶法
    - 兴趣诱导法
    - 暗示提醒法
    - 活动探索法（实践活动法）
    - 榜样示范法
- 幼儿园与家庭的合作
  - ★形式
    - 集体方式——家长会；家长学校；家长开放日等
    - 个别方式——家庭访问；个别谈话等
- 幼儿园与小学衔接
  - 造成幼儿园与小学不衔接的原因
    - 学前阶段与小学阶段的不同教育特点
    - 幼儿身心发展的阶段性与连续性规律
  - ★幼儿园实施幼小衔接工作的指导思想
    - 长期性而非突击性
    - 整体性而非单项性
    - 培养入学的适应性而非小学化
    - 家、园、校的一致性而非孤立化
  - ★幼小衔接工作的策略
    - 培养幼儿对小学生活的热爱和向往
    - 培养幼儿对小学生活的适应性
    - 帮助幼儿做好入学前的学习准备
    - 加强幼儿园教师业务能力培养
    - 建立和健全幼儿园与小学的联系
- 幼儿园与社区的合作
  - 意义
    - 开阔儿童视野，促进儿童身心和谐发展
    - 为社区提供教育和文化服务

知识梳理

第一节 学前儿童家庭教育

知识点1 学前家庭教育的含义

狭义的学前儿童家庭教育指的是在家庭生活中，由家长（主要是父母或其他长辈）对学前儿童进行的教育和施加的影响。

知识点2 学前家庭教育的特点 【单选】

特点	表现
教育的率先性和延续性	①父母、长辈是幼儿的第一老师；②在儿童进入专门的教育机构接受专门教育后，家庭的教育作用仍继续发挥
单独性	施教方式是单独的、非群体的
随意性和随机性	①教育有较大的随意性；②多采取"遇物则诲"的方式进行
亲情性	儿童与家长的关系不断亲密化
丰富性	教育的领域及范围很广

知识点3 幼儿园对家庭教育指导的原则 【单选、简答】

原则	表现
了解性	了解幼儿家长及家庭
方向性	同国家的教育方针、幼儿教育法规的精神相一致
科学性	符合幼儿身心发展的基本规律和幼儿教育发展的客观规律
尊重性	尊重家长，平等对待各类家长
协调性	相互沟通，协调配合，形成教育合力
针对性	根据幼儿和家长的不同特点，开展分类型和分层次的指导
直观性	采用一些直观教育、现代化教育手段
艺术性	使家长在较为轻松、愉快的气氛中，丰富教育孩子的知识

知识点4 学前家庭教育的主要方法

主要方法
- 环境熏陶法
- 兴趣诱导法
- 暗示提醒法
- 活动探索法（实践活动法）
- 榜样示范法

第二节 幼儿园与家庭的合作

知识点1 家园合作的概念

家园合作是指幼儿园和家庭都把自己当作促进儿童发展的主体，双方积极主动地相互了解、相互配合、相互支持，通过幼儿园和家庭的双向互动，共同促进儿童的身心发展。在家园合作中，幼儿园应该处于主导地位。

知识点2 幼儿教育离不开家庭的原因 【多选】

原因
- 家庭是幼儿成长最自然的生态环境
- 家庭是人的第一个学校
- 家长是幼儿园重要的教育力量
  - ①家长的参与极有利于幼儿的发展
  - ②家长是教师最好的合作者，是教师了解幼儿的最好信息源
  - ③家长参与幼儿在园的活动能够大大提高幼儿活动的兴趣和积极性
  - ④家长与教师的配合使教育计划的可行性、幼儿园课程的适宜性、教育的连续性和有效性等都能更好地得到保证
  - ⑤家长本身是幼儿园宝贵的教育资源

知识点3 家园合作的意义 【简答】

意义
- 有利于学前教育整体功能的发挥，提高教育的整体效率
- 有利于儿童身心的全面和谐发展，形成健全的人格
- 有利于教育影响的一致性，为儿童营造最佳发展环境
- 有利于更好地利用家庭资源为学前教育注入新鲜血液
- 有利于促进家长、教师和幼儿的共同发展

知识点4 家园合作的主要内容

主要内容
- ①鼓励和引导家长直接或间接地参与幼儿园教育，同心协力培养幼儿
- ②幼儿园帮助家长树立正确的教育观念和教育方法，以走出家教观念的误区
- ③优化家庭教育的物质环境和精神环境

知识点5 家园合作的形式 【单选、判断、论述】

1. 幼儿园与家长互动沟通的方式

	方式	表现
集体方式	家长会	有全园的、年级的、班级的
	家长学校	幼儿园向家长进行家庭教育系统宣传和指导的主要形式
	家长开放日	幼儿园定期或不定期地向家长开放，届时邀请家长来园观摩和参加幼儿园的活动
	家长接待日和专家咨询	①家长接待日：幼儿园安排一个固定的时间，由主管领导接待家长的来访，解答家长对园所及班级保育教育、管理等方面工作的疑问，听取家长的意见和建议，或设意见箱收集家长的意见。②专家咨询：幼儿园聘请一些学前教育专家定期为家长提供现场咨询
	家园联系栏	各班的家园联系栏内容主要有介绍本班近期教育目标、需要家园合作的教育内容、孩子的发展情况与一些有针对性的家教指导性文章等
	小报小刊和学习材料提供	①小报、小刊内容要丰富、文章精短、生动活泼，语言朴实亲切。②可以有选择地向家长推荐、介绍有关家教的报刊资料

续表

方式		表现
个别方式	家庭访问	简称家访，要有目的、有计划地进行
	个别谈话	进行家长工作最简便、最经常、最及时的方法
	家园联系册或联系卡	围绕孩子的发展与教育进行书面联系与交流的形式
	书信、电话、网络等	①书信多用于向留守儿童的家长汇报孩子的成长情况。 ②利用电话联系最快捷，能及时与家长沟通儿童在园所的情况。 ③利用网络，及时把新的信息在网上公布给家长
	接送孩子时的随机交流	每天家长接送孩子的时间是教师和家长进行交流的良好时机

2. 引导和组织家长参与幼儿园的教育

方式 ｛ 与孩子一起参与班级的活动
支持与参与幼儿园创设环境的各项活动
参与教师的教学

知识点6 家园合作中存在的问题及解决策略

1. 存在的问题

（1）家长和教师之间存在矛盾与冲突；

（2）合作不够深入，合作内容脱节；

（3）家长参与配合不够好，援助学前教育更少；

（4）母亲参与度明显高于父亲，不利于儿童阳刚性格的培养。

2. 解决措施

措施 {
- 幼儿园要主动创造条件开辟沟通渠道 {
  - 教师要以诚相待，放下权威
  - 引导家长观察孩子在幼儿园活动中的表现
  - 建立幼儿园网站
  - 定期就儿童的家园表现进行交流
  - 家访工作要落到实处
  - 教师应尽可能地和家长交流
}
- 家长要积极参与幼儿园保教活动 {
  - 家长和教师是平等、共育、合作的关系
  - 家长要有参与幼儿园教学的积极性和兴趣
}
}

第三节　幼儿园与小学衔接

知识点1　幼儿园与小学衔接的含义

幼儿园和小学根据儿童身心发展的阶段和连续性规律及儿童可持续发展的需要，做好两个阶段的衔接工作，使幼儿尽快地适应新的学习生活，避免或减少因两个学习阶段间存在的差异给幼儿身心发展带来的负面影响，为其入小学后的发展及终身发展打好基础。

知识点2　造成幼儿园与小学不衔接的原因　【单选、简答】

1. 学前阶段与小学阶段的不同教育特点　　——→ 主办方要做(作)关怀(环)内容。

阶段 不同方面	学前阶段	小学阶段
办学性质	非义务教育，没有统一的教材	义务教育，有严格的教育要求，学校对学生学习成绩要进行考试、检查
教学内容	与幼儿生活紧密相关的浅显知识	教育内容是以符号为媒介的学科知识，其抽象水平相对较高

续表

阶段 不同方面	学前阶段	小学阶段
教学方法	多采用归纳法，即让幼儿看到许多有关的现象，让幼儿开动脑筋，自己去归纳、发现其中的规律	多采用演绎法，即教师教学生一些规律性的知识，然后用例题来证明此规律是正确的
主导活动方面	幼儿在玩中"学"，教师指导方法比较直观、灵活、多样，没有家庭作业及考试制度	以上课为主要的教学形式，有一定的家庭作业及必要的考试制度
作息制度及生活管理	生活节奏宽松。游戏活动时间较多；生活管理不带强制性；教师对幼儿在生活上的照顾比较周到和细致	生活节奏快速、紧张。作息制度非常严格，每天上课时间较长；纪律及行为规范带有强制性；教师对儿童在生活上的照料明显减少
师幼关系	教师与幼儿个别接触机会多，时间长，涉及面广	师生接触主要是在课堂上，个别接触少，涉及面较窄
环境设备的选择与布置	教室的环境布置生动活泼，有许多活动区域，在其中有丰富的玩具和材料	教室的环境布置相对严肃，成套的课桌椅排列固定，教室内没有玩具
社会及成人对儿童的要求和期望	要求相对宽松	要求相对严格、具体

2.幼儿身心发展的阶段性与连续性规律

幼儿园与小学是两个根据儿童不同发展阶段的特点而设立的、具有不同教育任务的教育机构。两类机构的巨大差异说明，两类教育机构都比较重视阶段性，而忽视阶段之间的过渡，这是造成幼儿园与小学不衔接的根本原因。

知识点3　幼儿园实施幼小衔接工作的指导思想　【单选、判断、案例分析】

长征（整）+（适）一。

（1）长期性而非突击性（幼小衔接工作贯穿于幼儿园教育的各个阶段）；

（2）整体性而非单项性（幼小衔接工作是全面素质教育）；

（3）培养入学的适应性而非小学化（幼小衔接工作的重点是培养入学适应性）；

（4）家、园、校的一致性而非孤立化。

知识点4　幼儿园"小学化"的危害　【案例分析】

（1）损害幼儿身体健康；

（2）影响幼儿智力开发；

（3）不利于幼儿的全面发展；

（4）不利于幼儿学习习惯的养成。

知识点5　幼儿园方面的幼小衔接工作

1. 幼小衔接工作的策略　【单选、多选、简答、案例分析】

策略：
- 培养幼儿对小学生活的热爱和向往
- 培养幼儿对小学生活的适应性
  - 培养主动性
  - 培养独立性
  - 发展人际交往能力
  - 培养规则意识和任务意识
  - 发展动作，增强体质
- 帮助幼儿做好入学前的学习准备
  - 培养良好的学习习惯
  - 培养良好的非智力品质
  - 发展思维能力和基础能力
- 加强幼儿园教师业务能力培养
- 建立和健全幼儿园与小学的联系

2. 幼小衔接工作中应注意的问题

应注意的问题
- ① 进行幼儿园与小学教育的双向改革
- ② 转变观念，提高教师素质
- ③ 结合地区特点及幼儿身心发展的个别特点有针对性地进行幼小衔接工作
- ④ 加强家、园、学校、社区力量的相互配合

知识点6 幼小衔接工作中的矛盾及解决办法

1. 矛盾

矛盾
- 小学和幼儿园之间对衔接工作不重视，缺少沟通
- 把幼小衔接看作是单纯的物质准备和知识准备
- 小学教师偏重教学技能、教学内容的研究
- 家庭和学校的相互理解配合不够

2. 解决办法

解决办法
- 有计划地加强与附近小学的联系制度
- 积极开展对大班家长的宣传教育
- 对大班幼儿开展专门的入学准备工作
  - 培养对小学生活的向往之情
  - 合理改变作息制度和环境布置
  - 培养良好的学习品质，提高学习能力
  - 加强独立生活能力和劳动习惯的培养

第四节 幼儿园与社区的合作

知识点1 幼儿园与社区合作的含义

幼儿园与其所处社区密切结合，共同为幼儿的健康成长服务。

知识点2 幼儿园与社区合作的意义

意义
- 开阔儿童视野，促进儿童身心和谐发展
- 幼儿园是社区建设的支持者，为社区提供教育和文化服务

知识点3 学前教育对社区教育资源利用的意义和途径

1. 意义

意义 { 适应世界幼儿教育事业发展的需要
适应幼儿自身发展的需要
适应家庭教育、社区教育发展的需要

2. 途径

途径 { 社区的地域环境
社区的人口环境
社区的文化环境

知识点4 幼儿园与社区合作的方式

1. 请进来

（1）请社区成员参与幼儿园教育活动的设计；

（2）将社区资源引入幼儿园教育活动；

（3）和社区成员的互动。

2. 走出去

（1）幼儿园教师主动走向社区，了解社区资源；

（2）组织幼儿走出去，感知社区生活，培养幼儿的社会认知、情感和技能。

要点回顾

1. 学前家庭教育的特点。
2. 幼儿园对家庭教育指导的原则。
3. 幼儿教育离不开家庭的原因。
4. 家园合作的意义。
5. 家园合作的形式。
6. 造成幼儿园与小学不衔接的原因。
7. 幼儿园实施幼小衔接工作的指导思想。
8. 幼儿园"小学化"的危害。
9. 幼儿园方面的幼小衔接工作策略。

第二部分　学前心理学

第一章　学前心理学概述

思维导图

```
学前心理学概述
├── 学前心理学的研究对象、内容与任务
│   ├── 研究对象 —— 出生到入学前儿童心理发生、发展规律
│   ├── 研究内容
│   │   ├── 高级心理活动的发生
│   │   ├── 心理发展变化过程、年龄特征、一般规律
│   │   └── 影响心理发展的因素
│   └── 任务
│       ├── 揭示心理变化的基本规律
│       └── 解释心理的发展变化
└── 学前心理学的研究原则与方法
    ├── 研究原则
    │   ├── 客观性
    │   ├── 发展性
    │   ├── 教育性
    │   └── 理论与实际结合
    └── ★研究方法
        ├── 观察法
        ├── 实验法
        ├── 测验法
        ├── 调查法
        ├── 谈话法
        └── 作品分析法
```

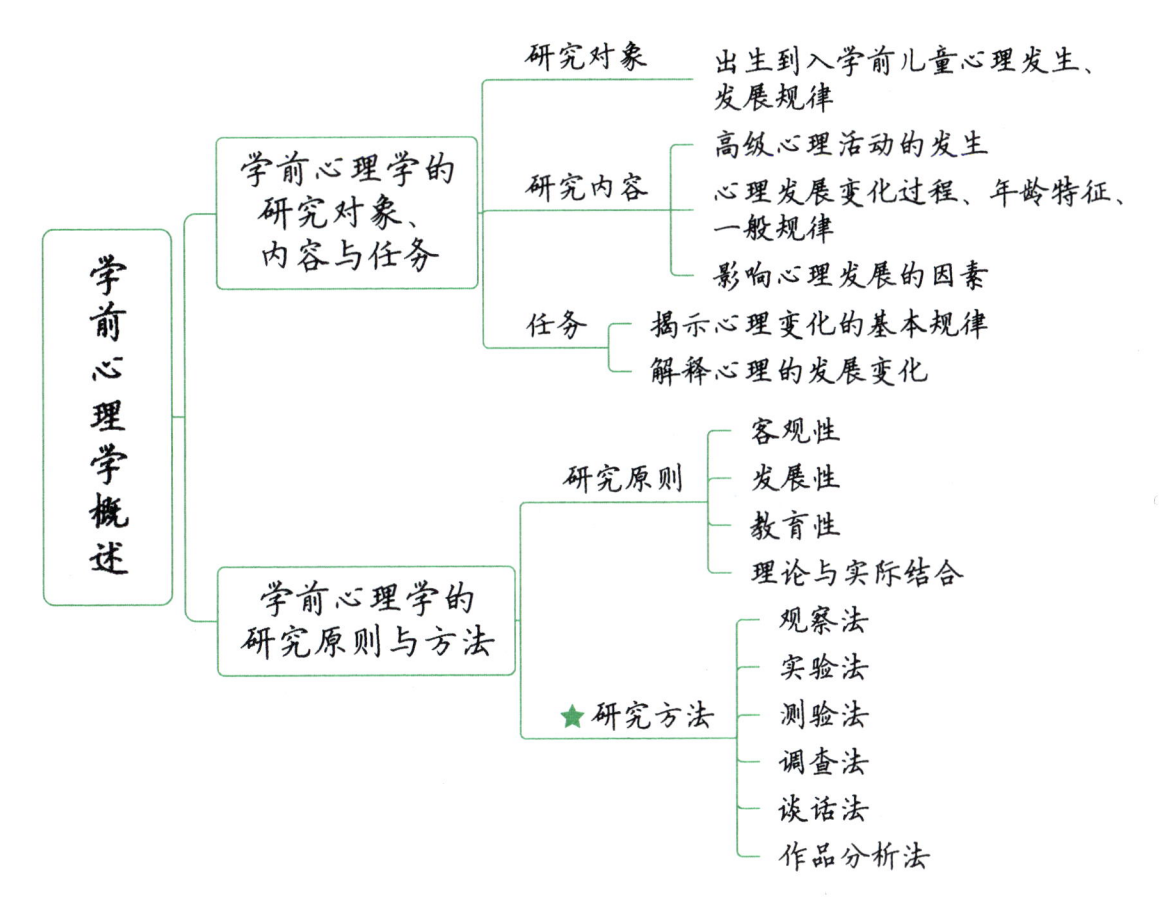

知识梳理

第一节　学前心理学的研究对象、内容与任务

知识点1　心理的概念

人的心理就是人脑对客观现实能动的反映，具体来说有以下三个要点：

- 心理是脑的机能
- 心理是人脑对客观现实的反映
- 心理的反映具有能动性

知识点2 学前心理学的研究对象

学前儿童心理学是研究从出生到入学前儿童心理发生、发展规律的科学。

知识点3 学前心理学的研究内容

(1) 个体高级心理活动的发生；

(2) 学前儿童心理发展的变化过程；

(3) 学前儿童心理发展的年龄特征；

(4) 学前儿童心理发展的一般规律；

(5) 影响学前儿童心理发展的因素。

知识点4 学前心理学的任务

任务 { 揭示幼儿阶段心理变化的基本规律 / 解释幼儿心理的发展变化

第二节 学前心理学的研究原则与方法

知识点1 学前心理学的研究原则 【单选】

原则 {
- 客观性 { 研究幼儿的心理，必须考虑到幼儿生活的客观条件 / 任何结论都要以充分的事实材料为依据
- 发展性
- 教育性
- 理论与实际相结合
}

知识点2 学前心理学的研究方法 【单选】

1. 观察法

(1) 观察法的概念

观察法是通过有目的、有计划地观察幼儿在日常生活、游戏、学习和劳动过程中的表现，包括言语、表情和行为，并根据观察结果分析幼儿心理发展的规律和特征的方法。观察法是研究幼儿心理活动最基本的方法。日记法或传记法是一种长期的全面的观察。

（2）运用观察法时应注意的问题

应注意的问题 { ①观察前观察者要做好准备
②观察时尽量使幼儿保持自然状态
③观察记录要求详细、准确、客观，不仅要记录行为本身，还应记录行为的前因后果
④观察应排除偶然性，一般应在较长时间内系统地反复进行 }

（3）观察法的优缺点

优点：被研究者处于自然状态，其心理活动和表现比较自然真实，有利于研究者获得真实可靠的资料。

缺点：强调让幼儿处于日常的自然状态，故无法控制刺激变量，使得观察者处于被动地位，也就是说，观察者可能得不到所需要的资料。

2.实验法

（1）实验法的概念

实验法是根据研究目的，改变或控制幼儿的活动条件，以引起其心理活动有规律地变化，从而揭示特定条件与心理活动之间关系的方法。

（2）实验法的分类

分类 { ①实验室实验法
②自然实验法（在幼儿的日常生活、游戏、学习和劳动等正常活动中，有目的、有计划地控制某些条件，来引起并研究幼儿心理变化的方法） }

3.测验法

（1）测验法的概念

测验法是根据一定的测验项目和量表，来了解幼儿心理发展水平的方法。

（2）测验法的优缺点

优点：比较简便，在较短时间内能够粗略了解幼儿的发展状况。

缺点：①测验法无法反映幼儿思考的过程或方式；

②测验题目很难同时适用于不同生活背景下的幼儿；

③任何一次测验的结果，都难以作为最终评定的依据。

4.调查法

(1)调查法的概念

通过调查家长、教师或其他熟悉被调查幼儿的人,以了解幼儿心理的方法。

(2)调查法的分类

调查法可以采用当面访问的方式,也可以采用书面调查的方式,也就是问卷的形式。

(3)调查法的优缺点

类型	优点	缺点
当面调查	比较机动灵活,不受时间、地点的限制,得到的资料往往也比较真实	比较浪费时间,可能由于记忆不确切,也可能是受个人偏见及态度的影响,被调查者的报告往往不够准确
书面调查（问卷法）	可以在较短时间内获得大量资料,所得资料便于统计,较易做出结论	①编制问卷表并非容易的事情,即使是较好的问卷,也容易流于简单化,其题目也可能被回答者误解;②幼儿心理的复杂情况,有时难以从一些问卷题目上充分反映出来,因此,也不能过高估计由此得出的统计结论

5.谈话法和作品分析法

(1)谈话法的概念

谈话法是通过和幼儿交谈以研究他们的各种心理活动的方法。

(2)作品分析法的概念

作品分析法是通过分析幼儿的作品(如手工、图画等)去了解幼儿心理的方法。

要点回顾

1.学前心理学的研究原则。

2.学前心理学的研究方法。

第二章　学前儿童的心理发展

思维导图

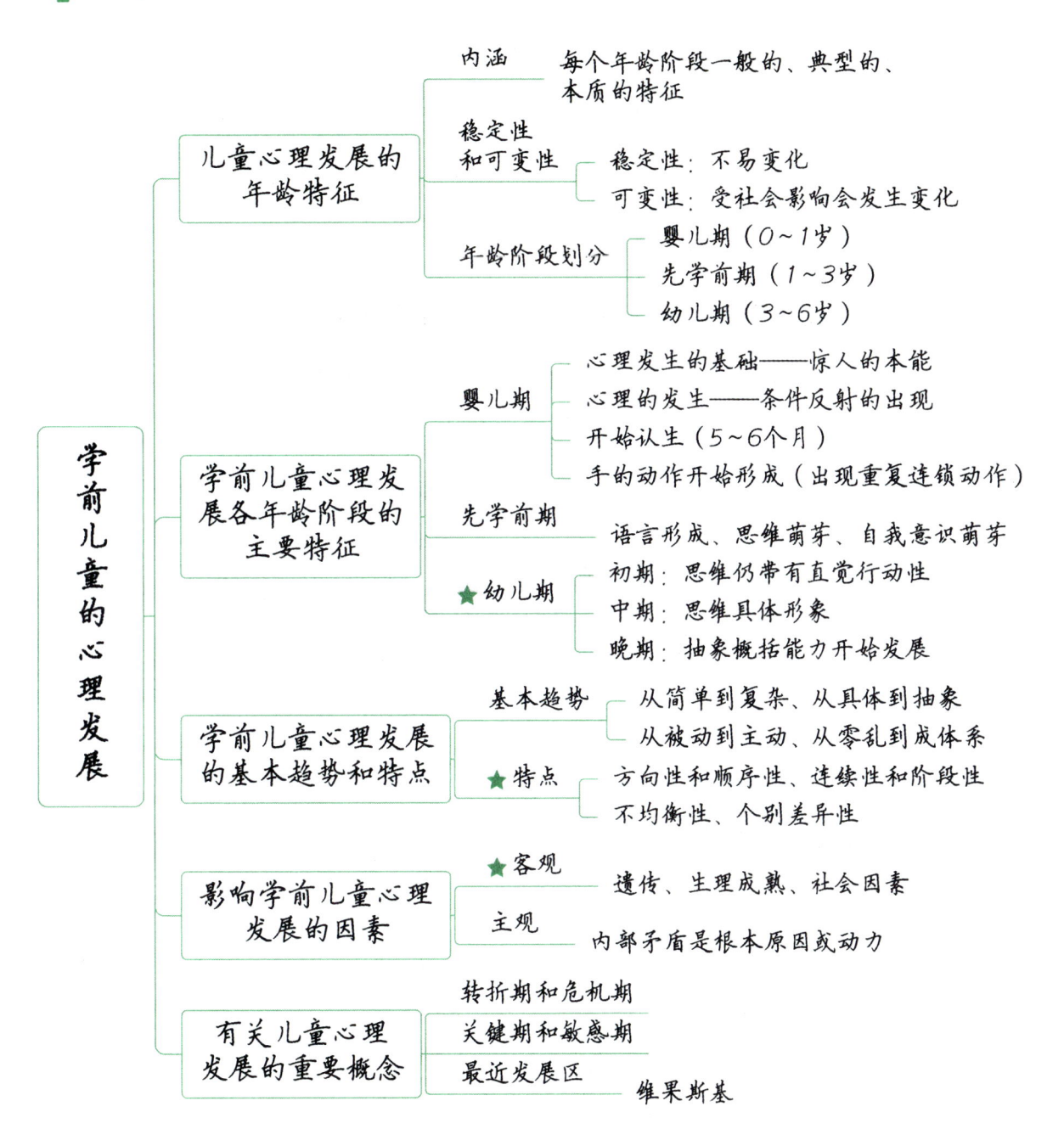

- 学前儿童的心理发展
  - 儿童心理发展的年龄特征
    - 内涵：每个年龄阶段一般的、典型的、本质的特征
    - 稳定性和可变性
      - 稳定性：不易变化
      - 可变性：受社会影响会发生变化
    - 年龄阶段划分
      - 婴儿期（0~1岁）
      - 先学前期（1~3岁）
      - 幼儿期（3~6岁）
  - 学前儿童心理发展各年龄阶段的主要特征
    - 婴儿期
      - 心理发生的基础——惊人的本能
      - 心理的发生——条件反射的出现
      - 开始认生（5~6个月）
      - 手的动作开始形成（出现重复连锁动作）
    - 先学前期：语言形成、思维萌芽、自我意识萌芽
    - ★幼儿期
      - 初期：思维仍带有直觉行动性
      - 中期：思维具体形象
      - 晚期：抽象概括能力开始发展
  - 学前儿童心理发展的基本趋势和特点
    - 基本趋势：从简单到复杂、从具体到抽象；从被动到主动、从零乱到成体系
    - ★特点：方向性和顺序性、连续性和阶段性；不均衡性、个别差异性
  - 影响学前儿童心理发展的因素
    - ★客观：遗传、生理成熟、社会因素
    - 主观：内部矛盾是根本原因或动力
  - 有关儿童心理发展的重要概念
    - 转折期和危机期
    - 关键期和敏感期
    - 最近发展区——维果斯基

知识梳理

第一节 儿童心理发展的年龄特征

知识点1 儿童心理发展的年龄特征的内涵 【单选、判断】

儿童心理发展的年龄特征是指在一定的社会和教育条件下，儿童在每个年龄阶段中形成并表现出来的一般的、典型的、本质的心理特征。把握儿童心理的年龄特征，需要我们至少明确以下几点：

（1）儿童心理发展的阶段，往往以年龄为标志；

（2）儿童心理年龄特征是在一定的社会和教育条件下形成的；

（3）儿童心理年龄特征不能代表这一年龄阶段中每一个儿童所有的心理特征。

知识点2 儿童心理发展年龄特征的稳定性和可变性 【单选】

1. 稳定性

一般来说，儿童心理发展的年龄特征具有相对的稳定性。

例：现在的幼儿与几十年以前的幼儿某些心理年龄特点，如思维的具体形象性、活泼好动、爱游戏等基本相同。

2. 可变性

不同的社会和教育条件会使儿童心理发展的特征有所差异，这就构成了儿童心理年龄特征的可变性。

例：现在的孩子比过去的孩子聪明。

3. 稳定性与可变性的辩证统一

辩证统一的关系 {
①由于稳定性，所以我们可以参照前人所揭示的有关年龄特征的表现来了解和教育今天的儿童
②由于可变性，所以我们坚信改善儿童的社会生活条件和教育条件，能够促进儿童心理发展年龄特征的变化
③只有全面、辩证地理解儿童心理发展年龄特征的稳定性与可变性的辩证统一关系，才能真正把握儿童心理发展年龄特征的实质
}

知识点3 学前儿童的年龄阶段划分

学前期（广义）
- 婴儿期（又称乳儿期）
  - 新生儿期（0~1个月）
  - 婴儿期（狭义）
    - 婴儿早期（1~6个月）
    - 婴儿晚期（6~12个月）
- 先学前期（又称幼儿早期）（1~3岁）
- 学前期（狭义）（又称幼儿期）
  - 学前（幼儿）初期（3~4岁）
  - 学前（幼儿）中期（4~5岁）
  - 学前（幼儿）晚期（5~6岁）

第二节 学前儿童心理发展各年龄阶段的主要特征

知识点1 婴儿期的年龄特征（0~1岁） 【单选、多选、判断】

年龄阶段	特点
0~1个月	（1）心理发生的基础——惊人的本能。包括：①吸吮反射；②眨眼反射；③怀抱反射；④抓握反射；⑤巴宾斯基反射；⑥惊跳反射；⑦击剑反射；⑧迈步反射；⑨游泳反射；⑩巴布金反射；⑪蜷缩反射。 （2）心理的发生——条件反射的出现。 （3）认识世界的开始。 （4）人际交往的开端
1~6个月	（1）视觉和听觉迅速发展。 （2）手眼协调动作开始发生。 （3）主动招人。 （4）开始认生（5~6个月）

续表

年龄阶段	特点
6～12个月	（1）身体动作迅速发展。 （2）手的动作开始形成。<u>6～8个月年龄的儿童出现重复连锁的动作</u>。如果让他在小床上玩，他会把小玩具扔到地上，然后要成人来捡，你捡起来，交给他，他又扔下。 （3）言语开始萌芽。 （4）依恋关系发展

学霸点睛

无条件反射和条件反射的区别：

（1）无条件反射：先天本能。例：刚出生的婴儿就会吸吮；人吃到食物会分泌唾液。

（2）条件反射：后天习得。例：看到杨梅流口水。

知识点2　先学前期的年龄特征（1～3岁）

1. 动作的发展

（1）身体动作

⎧ 儿童开始学习独立行走（1岁左右）
⎨ 动作虽然仍不够灵活，但是活动的积极性却非常高（2岁左右）
⎩ 学会了独脚跳等比较复杂的动作（3岁）

（2）手的动作

1岁时，能根据物体的特点和功用采取适当的动作。1岁半以后孩子逐渐把物体当"工具"来使用，开始了活动的萌芽。2岁以后，开始学着自己穿脱衣服、系扣子、洗手、用筷子吃饭等。可以说，这是人一生中开始使用"工具"（用具）的年龄。

2.先学前儿童心理发展的主要特点

主要特点 { 语言的形成
思维的萌芽
自我意识的萌芽（2岁左右）

> **学霸点睛**
>
> 大约2岁左右，孩子出现自我意识的萌芽，突出表现在独立行动的愿望很强烈。独立性的出现是开始产生自我意识的明显表现，是儿童心理发展上非常重要的一步，也是人生头2~3年心理发展成就的集中表现。

知识点3 幼儿期的年龄特征（3~6岁）【单选、多选、简答】

年龄	幼儿初期（3~4岁）	幼儿中期（4~5岁）	幼儿晚期（5~6岁）
特征	①最初步的生活自理，生活目标扩大； ②行为具有强烈的情绪性； ③爱模仿； ④思维仍带有直觉行动性	①活泼好动、爱玩、会玩； ②思维具体形象； ③开始接受任务； ④开始自己组织游戏	①好学、好问； ②抽象概括能力开始发展； ③个性初具雏形； ④开始掌握认知方法
点拨	行李（理）轻（情）放（仿）	有（游）人（任）想（象）活动	任（认）性好丑（抽）

第三节 学前儿童心理发展的基本趋势和特点

知识点1 学前儿童心理发展的基本趋势 【单选】

趋势		举例
从简单到复杂	从不齐全到齐全	随着年龄增长，逐渐出现想象、言语、思维等
	从笼统到分化	最初婴儿的情绪只有笼统的愉快和不愉快之分，随后几年才逐渐分化出喜爱、高兴、痛苦、惊奇、恐惧、厌恶以及妒忌等各种复杂而多样的情绪情感
从具体到抽象		幼儿最开始计算时需要借助实物，后来逐渐摆脱实物
从被动到主动	从无意向到有意	新生儿会紧紧抓住放在他手心的物体，这种抓握完全是无意识的本能活动。随着年龄的增长，会有意识地抓握物体
	从主要受生理制约发展到自己主动调节	两三岁儿童注意力不集中，没有坚持性，主要是由儿童的生理不成熟导致。随着生理的不断成熟，儿童的心理活动的主动性不断增强，开始主动调节自己的心理活动和行为
从零乱到成体系		小班幼儿兴趣爱好多变，大班幼儿则开始形成较稳定的个性倾向

知识点2 学前儿童心理发展的特点 【单选、多选、简答】

学前儿童的心理发展具有方向性和顺序性、连续性和阶段性、不均衡性（不平衡性）、个别差异性。

特点	体现	一般表述	教育要求
方向性	不会逆向发展	—	—
顺序性	按由低级到高级、由简单到复杂的固定顺序进行	"由……到……" "从……到……"	循序渐进，不"陵节而施""揠苗助长"

续表

特点	体现	一般表述	教育要求
连续性	发展是一个连续的过程	—	—
阶段性	不同阶段的发展特征或任务不同	××阶段、××时期	分阶段教育
不均衡性（不平衡性）	个体的发展不是匀速上升，而是呈波浪形发展的。包含两层含义：①同一方面不同速；②不同方面不同步	速度有快有慢	抓关键期
个别差异性	强调不同个体之间的差异	"有的人……有的人……"	因材施教

> **学霸点睛**
>
> 不均衡性和个别差异性的区别：
>
> （1）不均衡性：强调个体内部同一方面或者不同方面的发展速度有快有慢（个体内）。
>
> 例：感觉、知觉等认识过程在出生后很快就能达到比较发达的水平，而思维要两岁左右才开始发展。
>
> （2）个别差异性：强调人与人之间的不同（个体间）。
>
> 例：有的儿童记忆力强，有的儿童则想象力丰富。

第四节　影响学前儿童心理发展的因素

影响因素
- 客观
  - 遗传
    - 提供发展人类心理的最基本的 自然物质前提
    - 奠定儿童心理发展个别差异的最初基础
  - 生理成熟
    - ①生理成熟的程序制约着儿童心理发展的顺序
    - ②为儿童心理发展提供物质前提
    - ③生理成熟的个别差异,是儿童心理发展个别差异的生理基础
  - 社会
    - ①社会环境使遗传所提供的心理发展的可能性变为现实
    - ②宏观的社会环境和教育从根本上制约着儿童心理发展的水平和方向
    - ③微观的社会环境是影响儿童心理个别差异的最重要的条件
- 主观
  - ①儿童心理本身内部的因素是儿童心理发展的内部原因
  - ②儿童心理的内部矛盾是推动儿童心理发展的根本原因或动力

> **知识扩展**
>
> 　　遗传在儿童心理发展中的作用是客观存在的。它为心理发展提供了最初的物质前提和可能性。在环境的影响下,最初的可能性能够变为最初的现实,而这个现实又将成为继续发展的前提和可能。儿童每一步的发展现实总是先天和后天相互作用的结果。

知识拓展

遗传与环境对心理发展作用的学说

时期	第一个时期——谁起决定作用		第二个时期——各起多少作用（二因素论）		第三个时期——如何起作用
理论	遗传决定论	环境决定论	会合论	成熟论	相互作用论
代表人物	高尔顿	华生	斯腾	格塞尔	瑞士的皮亚杰和美国的杜威
观点	强调遗传在心理发展中的作用	幼儿心理的发展完全是外界影响的被动结果，强调环境教育的作用	心理的发展并非单纯由于受外界影响，而是内在本性和外在条件辐合的结果	支配儿童心理发展的首要因素包括成熟与学习。"同卵双生子爬梯"实验论证了成熟论的观点	①任何一种因素作用的大小、性质都依赖于另一种因素，它们之间不是简单的相加或会合；②当前对环境刺激做出某种行为反应的有机体是它的基因和过去环境相互作用的产物

第五节 有关儿童心理发展的重要概念

名称	内涵	联系/区别
转折期	两个阶段之间，短期内急剧变化	转折期是必然出现的，但"危机"却不是必然出现的
危机期	某些时期，表现出各种否定和抗拒行为的现象	

续表

名称	内涵	联系/区别
关键期	①关键期是最容易学习某种知识技能或形成某种心理特征的时期。 ②儿童心理发展的关键期现象主要表现在语言发展和感知觉方面	①错过关键期后，发展的障碍难以弥补。 ②错过敏感期后，发展较为缓慢
敏感期（最佳期）	学习某种知识和行为比较容易，心理某个方面发展最为迅速的时期	
最近发展区	①最近发展区是儿童能够独立表现出来的心理发展水平，和儿童在成人指导下能够表现出来的心理发展水平之间的差距。由维果斯基提出。 ②最近发展区的大小是儿童心理发展潜能的主要标志，也是儿童可以接受教育程度的重要标志	—

学霸点睛

在掌握数概念方面，敏感期在5岁～5岁半；4岁前是智力发展最迅速的时期，4岁是形状知觉的敏感期，以后逐渐减弱；坚持性行为的发展，则以4～5岁最为迅速。

要点回顾

1. 幼儿晚期（5～6岁）的年龄特征。
2. 学前儿童心理发展的基本趋势。
3. 学前儿童心理发展的特点。
4. 影响学前儿童心理发展的因素。

第三章 学前儿童动作和言语的发展

思维导图

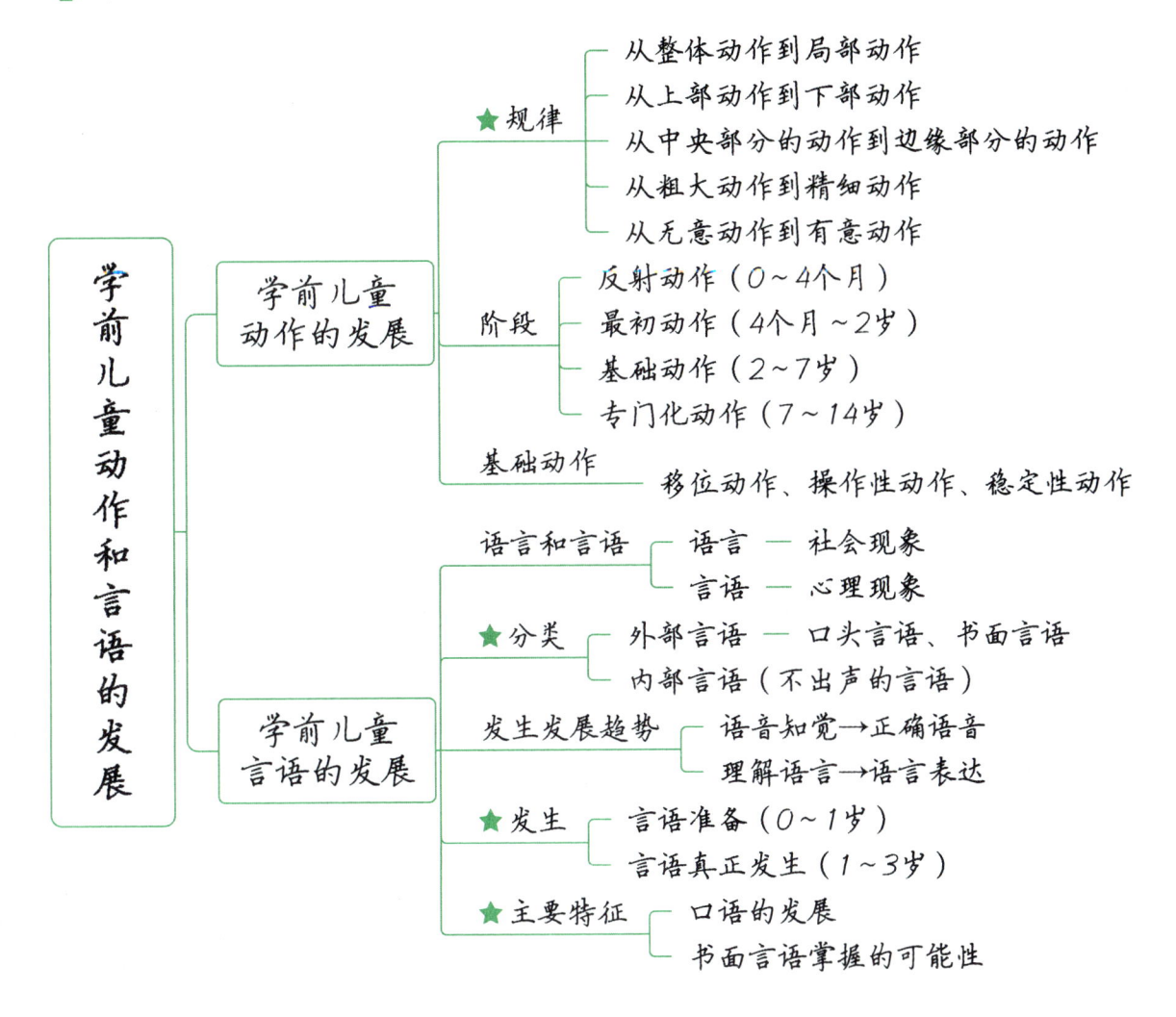

- 学前儿童动作和言语的发展
  - 学前儿童动作的发展
    - ★规律
      - 从整体动作到局部动作
      - 从上部动作到下部动作
      - 从中央部分的动作到边缘部分的动作
      - 从粗大动作到精细动作
      - 从无意动作到有意动作
    - 阶段
      - 反射动作（0~4个月）
      - 最初动作（4个月~2岁）
      - 基础动作（2~7岁）
      - 专门化动作（7~14岁）
    - 基础动作——移位动作、操作性动作、稳定性动作
  - 学前儿童言语的发展
    - 语言和言语
      - 语言——社会现象
      - 言语——心理现象
    - ★分类
      - 外部言语——口头言语、书面言语
      - 内部言语（不出声的言语）
    - 发生发展趋势
      - 语音知觉→正确语音
      - 理解语言→语言表达
    - ★发生
      - 言语准备（0~1岁）
      - 言语真正发生（1~3岁）
    - ★主要特征
      - 口语的发展
      - 书面言语掌握的可能性

知识梳理

第一节　学前儿童动作的发展

📖 知识点1　学前儿童动作发展的规律　【单选、判断、简答】

> 整首近大屋(无)。

规律	别称	特点
从整体动作到局部动作	由整体到分化	全身、笼统→局部、准确
从上部动作到下部动作	首尾规律	抬头→俯撑→翻身→坐→爬→站→走
从中央部分的动作到边缘部分的动作	近远规律	头部、躯干→双臂、腿部→手
从粗大动作到精细动作	大小规律	大肌肉→小肌肉
从无意动作到有意动作	无有规律	无意识动作→有意识动作

📖 知识点2　儿童动作发展的阶段

阶段
① 反射动作阶段（0~4个月），有许多不受意识支配的本能动作，即无条件反射
② 最初动作阶段（4个月~2岁），掌握人生最初的、起码的、基本动作的阶段
③ 基础动作阶段（2~7岁），能控制自己的肌肉系统，保持稳定性，能自由运动，是儿童获得大量运动经验的时期
④ 专门化动作阶段（7~14岁），动作处于转变、应用和终生使用阶段

📖 知识点3　学前儿童基础动作的发展

基础动作的模式	基础动作发展的顺序	基础动作发展的阶段
①基础的移位动作，如走、跑、跳等；	①基础移位动作能力的发展；	①起始阶段；

基础动作的模式	基础动作发展的顺序	基础动作发展的阶段
②基础的操作性动作，如投掷、接住、踢、击等； ③基础的稳定性动作，如静态平衡、动态平衡、轴心动作等	②基础操作性动作能力的发展； ③基础稳定性动作能力的发展	②初级阶段； ③成熟阶段

第二节 学前儿童言语的发展

知识点1 语言和言语的概念

1. 语言

语言是人类在社会实践中逐渐形成和发展起来的交际工具，是一种社会上约定俗成的符号系统。语言是一种社会现象。

2. 言语

言语是运用语言进行实际活动的过程。言语是一种心理现象。

知识点2 言语的分类 【单选、多选】

种类		概念	典例
外部言语	口头言语 对话言语	两个人或几个人直接交际时的言语活动	聊天、座谈
	口头言语 独白言语	个人独自进行的，与叙述思想、情感相联系的，较长而连贯的言语	报告、演讲
	书面言语	人们借助于文字来表达思想感情、传授知识经验的言语	写作、朗读
内部言语		不出声的言语	默默思考问题

知识点3　学前儿童言语发生发展的趋势　【单选】

趋势 { 语音知觉发展在先，正确语音发展在后
理解语言发生发展在先，语言表达发生发展在后

知识点4　儿童言语的发生　【单选】

阶段		具体表现
言语准备（0~1岁）	言语发音的准备	①简单发音阶段（出生~3个月）；②连续音节阶段（4~8个月）；③模仿发音——学话萌芽阶段（9~12个月）
	语音理解的准备	①语音知觉能力的准备；②语词理解的准备
言语真正发生（1~3岁）	不完整句阶段 单词句（1~1.5岁）	①单音重叠；②一词多义；③以词代句
	不完整句阶段 双词句（电报句）（1.5~2岁）	开始说由双词或三个词组合在一起的句子
	完整句阶段（2岁以后）	①能说出完整的简单句，并出现复合句；②词汇量迅速增加

知识点5　幼儿言语发展的主要特征

1. 幼儿口语的发展　【单选】

（1）语音的发展

语音的发展 { 掌握本民族全部语音（3~4岁的儿童称为"国际公民"）
语音意识的发生

(2) 词汇的发展

词汇的发展
- 词汇量增加，内容变化大（幼儿期是人一生中词汇量增加最快的时期）
- 词类范围日益扩大
  - 先掌握的是实词，然后是虚词
  - 实词中，掌握的顺序是名词—动词—形容词
  - 使用频率最高的是代词
- 词义逐渐丰富和加深

知识扩展

1. 学前儿童理解词义的特点

（1）笼统；（2）具体；（3）对词义的理解或是失之过宽，或是失之过窄；（4）出现"造词现象"，就是自己制造新词，如把"灰色"说成"小黑"，这个"小黑"就是儿童自己制造出来的。这是儿童词汇贫乏、词义掌握不确切时出现的一时现象。

类型	含义
积极词汇（主动词汇）	自己能说能用的词汇
消极词汇（被动词汇）	理解但不能运用的词汇

(3) 初步掌握语法

语法的发展
- 从不完整句到完整句
- 从简单句到复合句
- 从陈述句到多种形式的句子

(4) 口语表达能力进一步发展

口语表达能力的发展
- 对话言语的发展和独白言语的出现
- 情境性言语的发展和连贯性言语的产生
- 讲述的逻辑性逐渐提高
- 逐渐掌握言语表情技巧

（5）出现内部言语的过渡形式——出声的自言自语

幼儿时期的内部言语在发展过程中，常出现一种介乎外部言语和内部言语的过渡形式，即出声的自言自语。这种自言自语有两种形式，一种是"游戏言语"；另一种是问题言语。

	含义	特点	举例
游戏言语	游戏、绘画活动中出现的言语	比较完整、详细，有丰富的情感和表现力	幼儿一边搭积木——长江大桥，一边发出声音："这里面可以走人，桥洞里可以过船……"
问题言语	活动中遇到困难或问题时产生的言语，用以表示困惑、怀疑、惊奇等	比较简单、零碎，由一些压缩的词句组成	幼儿边拼边说："这个怎么办呢？放哪？对，就放这里吧。"

2.书面言语掌握的可能性

条件 ⎰ 掌握口语词汇
　　 ⎨ 掌握语音
　　 ⎨ 掌握基本语法和口语表达力
　　 ⎩ 幼儿图形知觉的发展

知识点6　在实践中提高学前儿童的言语能力　【简答】

（1）有目的、有计划的语言教育活动是发展学前儿童言语能力的重要途径；（2）创设良好的语言环境，提供学前儿童交往的机会；（3）把言语活动贯穿于学前儿童的一日活动之中；（4）教师良好的言语榜样；（5）注重个别教育。

要点回顾

1.学前儿童动作发展的规律。
2.学前儿童言语发生发展的趋势。
3.在实践中提高学前儿童的言语能力的方法。

第四章 学前儿童认知的发展

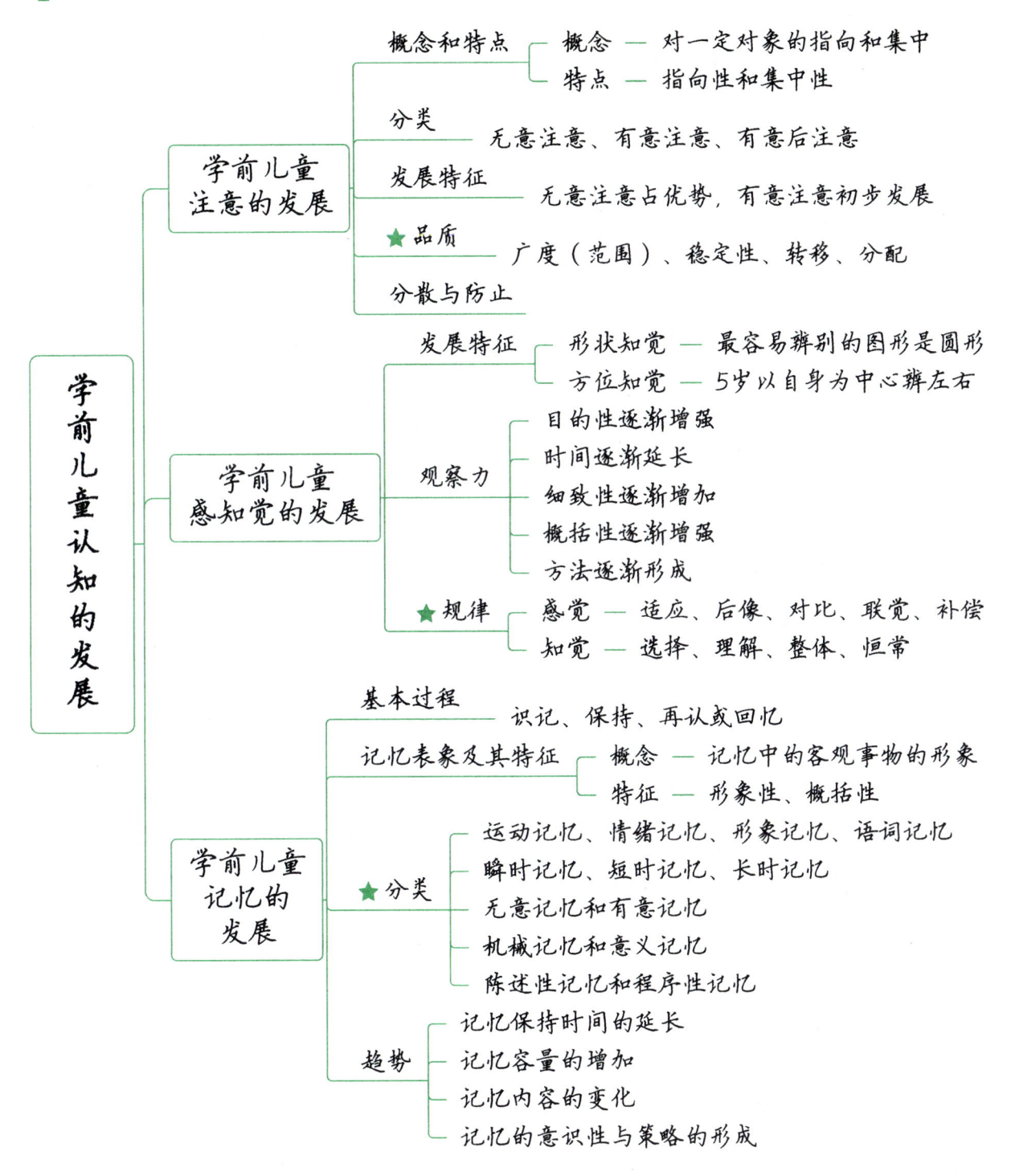

思维导图

- **学前儿童认知的发展**
  - **学前儿童注意的发展**
    - 概念和特点
      - 概念 —— 对一定对象的指向和集中
      - 特点 —— 指向性和集中性
    - 分类 —— 无意注意、有意注意、有意后注意
    - 发展特征 —— 无意注意占优势，有意注意初步发展
    - ★品质 —— 广度（范围）、稳定性、转移、分配
    - 分散与防止
  - **学前儿童感知觉的发展**
    - 发展特征
      - 形状知觉 —— 最容易辨别的图形是圆形
      - 方位知觉 —— 5岁以自身为中心辨左右
    - 观察力
      - 目的性逐渐增强
      - 时间逐渐延长
      - 细致性逐渐增加
      - 概括性逐渐增强
      - 方法逐渐形成
    - ★规律
      - 感觉 —— 适应、后像、对比、联觉、补偿
      - 知觉 —— 选择、理解、整体、恒常
  - **学前儿童记忆的发展**
    - 基本过程 —— 识记、保持、再认或回忆
    - 记忆表象及其特征
      - 概念 —— 记忆中的客观事物的形象
      - 特征 —— 形象性、概括性
    - ★分类
      - 运动记忆、情绪记忆、形象记忆、语词记忆
      - 瞬时记忆、短时记忆、长时记忆
      - 无意记忆和有意记忆
      - 机械记忆和意义记忆
      - 陈述性记忆和程序性记忆
    - 趋势
      - 记忆保持时间的延长
      - 记忆容量的增加
      - 记忆内容的变化
      - 记忆的意识性与策略的形成

学前儿童认知的发展

学前儿童记忆的发展
- ★ 发展特点
  - 无意记忆占优势，有意记忆逐渐发展
  - 记忆的理解和组织程度逐渐提高
  - 形象记忆占优势，语词记忆逐渐发展
  - 记忆的意识性和记忆方法逐渐发展
- 记忆的保持、遗忘及遗忘规律 —— 艾宾浩斯遗忘曲线

学前儿童想象的发展
- 特点 —— 形象性和新颖性
- ★ 分类
  - 无意想象和有意想象
  - 再造想象和创造想象
- 发展趋势 —— 无意→有意；再造→创造；夸张→现实
- ★ 发展的特点
  - 无意想象为主，有意想象开始发展
  - 再造想象为主，创造想象开始发展
  - 想象具有夸张性
- 各年龄阶段想象的特点
  - 3~4岁 —— 没有目的和一贯的主题
  - 4~5岁 —— 出现有意成分
  - 5~6岁 —— 有意性相当明显

学前儿童思维的发展
- 概念和特点
  - 概念 —— 对客观现实的间接的和概括的反映
  - 特点 —— 间接性和概括性
- 发生 —— 出现最初的用语词的概括
- ★ 发展特点
  - 幼儿初期的思维仍具有一定的直观行动性
  - 具体形象思维是幼儿思维的主要特征
  - 幼儿晚期抽象逻辑思维开始萌芽
- 比较的发展 —— 找不同→找相同→找相似
- 推理的发展 —— 推理 —— 归纳、转导、演绎、类比推理

皮亚杰的心理发展观——发生认识论
- 心理的发展 —— 图式、同化、顺应、平衡
- ★ 认知发展阶段理论
  - 感知运动阶段（0~2周岁）
  - 前运算阶段（2~7周岁）
  - 具体运算阶段（7~11周岁）
  - 形式运算阶段（11~15周岁）

知识梳理

第一节　学前儿童注意的发展

知识点1　注意的概念和基本特点

注意是一种心理状态，它是心理活动对一定对象的指向和集中。指向性和集中性是注意的两个基本特点。

注意的指向性是指人在清醒的每一瞬间，心理活动都指向某个对象，而离开其他对象。如我们周围有许多人，我们一下只能注视某几个人，对其他人则并未留意。

注意的集中性是指心理活动在指向某一事物的同时，就会对这个事物全神贯注，把精神都集中到这一事物上，使人的活动得以进行下去并使活动得以完成。有时周围发生了别的事，他也不会察觉到，这就是人们常说的"视而不见，充耳不闻"。如幼儿听老师讲故事，当他听得很入神时，周围的大人对他说话他可能都听不见。这就是幼儿的注意对事物的集中。

知识点2　注意的分类　【单选】

一般情况下，我们按照有无预定目的以及是否需要意志努力，将注意分为无意注意、有意注意以及有意后注意。

类型	别名	特点
无意注意	不随意注意	没有预定目的、无需意志努力
有意注意	随意注意	具有自觉的目的，并和意志努力相联系
有意后注意	随意后注意	有自觉的目的，但不需要意志努力

这里主要介绍一下有意后注意。有意后注意是注意的一种特殊形式。从特征上讲，它同时具有无意注意和有意注意的某些特征。有意后注意通常是有意注意转化而成的。

知识点3 3~6岁幼儿注意发展的主要特征【单选、简答、案例分析】

特征	关键点
无意注意占优势	容易引起幼儿无意注意的诱因有两大类： ①刺激比较强烈，对比鲜明，新异和变化多动的事物； ②与幼儿兴趣、需要和生活经验有关系的事物
有意注意初步发展	幼儿有意注意产生的条件如下： ①幼儿的有意注意依赖于丰富多彩活动的开展； ②幼儿对活动目的、活动任务的理解程度； ③幼儿对活动的兴趣与良好的活动方式； ④言语指导和言语提示； ⑤幼儿的性格与意志特点

知识点4 幼儿注意的品质 【单选、多选、填空】

品质	概念	关键词	举例
注意的广度（注意的范围）	一个人在同一时间内能够清楚地察觉和把握对象的数量	数量	"一目十行""眼观六路"
注意的稳定性	注意力在同一活动范围内所维持的时间长短	时间	认真、完整地听完老师讲故事
注意的转移	人们根据新的活动任务，及时、有意地调换注意对象，即把注意从一个对象转换到另一个对象上	从……到……	听完老师讲故事后开始画画
注意的分配	在同一时间内，把注意分配到两种或几种不同的对象或活动上	同一时间，多个对象	一边唱歌一边跳舞

> **学霸点睛**
>
> 关于注意的稳定性方面，幼儿注意的稳定性存在明显的年龄差异。在良好的教育环境下，3岁幼儿能集中注意3~5分钟，4岁幼儿能集中注意10分钟，5~6岁幼儿能集中注意15分钟左右。如果教师组织得法，5~6岁幼儿可集中注意20分钟。

知识点5 幼儿注意的分散与防止 【单选、多选、简答】

注意的分散是与注意的稳定相反的一种状态，是指幼儿的注意离开了当前应该指向的对象，而被一些与活动无关的刺激物所吸引的现象，俗语叫作分心。

> **学霸点睛**
>
> 注意的分散和注意的转移的区别：
>
> | | 特点 | 举例 |
> | --- | --- | --- |
> | 分散 | 被动的、无意识的、消极的 | 听老师讲故事时，被窗外的鸟叫声吸引 |
> | 转移 | 主动的、有意识的、积极的 | 听完老师讲故事后去踢足球 |

1. 幼儿注意分散的原因

原因
- 连续进行单调的活动
- 缺乏严格的作息制度
- 无关刺激的干扰
- 注意转移的能力差
- 无意注意和有意注意没有灵活并用
- 目的要求不明确

2.防止幼儿注意分散

措施
- 防止无关刺激的干扰
- 制定合理的作息制度
- 养成良好的注意习惯
- 适当控制幼儿的玩具和图书的数量
- 使幼儿明确活动的目的和要求
- 灵活地交互运用无意注意和有意注意
- 提高教学质量
- 对幼儿进行有意注意的训练

第二节 学前儿童感知觉的发展

知识点1 感知觉的概念 【判断】

1.感觉的概念

感觉是人脑对直接作用于感觉器官的客观事物的个别属性的反映。感觉是一种最简单的心理现象，是认识的起点。可以说感觉是一切知识和经验的基础，是人正常心理活动的必要条件。

2.知觉的概念

知觉是人脑对直接作用于感觉器官的客观事物的整体反映。

知识点2 幼儿感知觉发展的主要特征

1.视觉的发展 【单选、多选】

（1）视敏度

视敏度即视觉敏锐度，是指人分辨细小物体或远距离物体细微部分的能力，也就是人通常所称的视力。

有人认为，年龄越小，视力越好，此话对幼儿来说并非如此。随着年龄的增长，视敏度也在不断提高，但发展速度不是均衡的。5～6岁与6～7岁的幼儿视敏度水平比较接近，而4～5岁与5～6岁幼儿的视敏度水平相差很大。

(2) 颜色视觉

颜色视觉是区别颜色细微差异的能力，也称辨色力。幼儿期，颜色视觉的发展主要表现在区别颜色细微差别能力的继续发展。与此同时，幼儿期对颜色的辨别往往和掌握颜色名称结合起来。

幼儿的颜色视觉发展有如下特点：

幼儿初期（3~4岁）	幼儿中期（4~5岁）	幼儿晚期（5~6岁）
已能初步辨认红、橙、黄、绿、蓝等基本色，但在辨认混合色和近似色时，往往较困难，也难以说出颜色的正确名称	大多数能认识基本色、近似色，并能说出基本色的名称	不仅能认识颜色，而且在画图时，能运用各种颜色调出需要用的颜色，并能正确地说出黑、白、红、蓝、绿、黄等颜色的名称

2.听觉的发展

（1）听觉敏度

新生儿出生后就能听到声音，但听觉阈限在最好的情况下也比成人高10~20分贝，最差时要比成人高40~50分贝。

随着年龄的增加，婴儿的听觉阈限逐步下降。

（2）听觉定位

婴儿的听觉定位表现出令人费解的U形发展。新生儿出生后5分钟就表现出听觉定位的能力。但2~3个月时，这一能力却消失殆尽。直到4~5个月时才再次出现。

（3）听觉辨别

2~3个月的婴儿能区分ba和pa，这种精细的分辨能力是先天的。

3.触觉的发展

触觉是肤觉和运动觉的联合，在儿童的活动中占有重要的地位。

（1）触觉的发生

儿童的触觉产生得也很早，刚出生时便有了触觉反应，许多种天生的无条件反射，如吮吸反射、防御反射、抓握反射等，都是儿童触觉的表现。

(2) 口腔触觉

儿童对物体的触觉探索最初是通过口腔的活动来实现的，在整个乳儿期，口腔触觉都是儿童认识世界的一种重要探索手段。

(3) 手的触觉

随着年龄的增长，学前儿童的口腔触觉逐渐退居次要地位，取而代之的是手的触觉。

4. 空间、时间知觉的发展　【单选、简答】

(1) 空间知觉

①形状知觉

儿童最容易辨别的图形是圆形，幼儿叫出图形名称比辨认图形要晚。

②大小知觉

4~5岁的幼儿在判别积木大小时，要用手逐块地摸积木的边缘，或把积木叠在一起去比较。而6~7岁的幼儿，由于经验的作用，已经可以单凭视觉辨别出积木的大小。

③方位知觉

方位知觉的发展趋势：
- 3岁：辨别上下
- 4岁：辨别前后
- 5岁：能以自身为中心辨别左右（做镜面示范）
- 6岁：以左右方位的相对性来辨别左右仍然感到困难
- 7岁：能够辨别以别人为基准的左右方位

④距离知觉

幼儿可以分清他们所熟悉的物体或场所的远近，对于比较广阔的空间距离，他们还不能正确认识。幼儿不懂得近物大，远物小，近物清楚，远物模糊等感知距离的视觉信号。

深度知觉是距离知觉的一种。为了了解婴幼儿深度知觉的发展状况，吉布森和沃克设计了"视崖"实验。

(2) 时间知觉

幼儿前期	主要以人体内部的生理状态来反映时间
幼儿初期	不仅有生物性的时间知觉，还有了与具体事物和事件相联系的时间知觉。幼儿的时间知觉，主要是依靠生活中接触到的周围现象的变化，他们逐渐学习借助于某种生活经验（生活作息制度、有规律的生活事件等）和环境信息反映时间。有时也会用一些带有相对性的时间概念，如"昨天""明天"，但往往用错
幼儿中期	可以正确理解"昨天""明天"，也能运用"早晨"和"晚上"等词，但是对较远的时间，如"前天""后天"等，理解起来仍感到困难
幼儿晚期	在前面的基础上，又开始能辨别"前天""大后天"等；并能学会看钟表等

知识扩展

儿童时间知觉的特点和发展趋势

特点和发展趋势
① 时间知觉的精确性与年龄呈正相关，即年龄越大，精确性越高
② 时间知觉的发展水平与儿童的生活经验呈正相关
③ 幼儿对时间单元的知觉和理解有一个"由中间向两端""由近及远"的发展趋势
④ 理解和利用时间标尺（包括计时工具）的能力与其年龄呈正相关

知识点3 幼儿观察力发展的特点 【多选、简答】

(1) 观察的目的性逐渐增强；

(2) 观察持续的时间逐渐延长；

(3) 观察的细致性逐渐增加； ——→扩（括）需（续）方致目。

（4）观察的概括性逐渐增强；

（5）观察方法逐渐形成。

知识点4 感知觉规律及其运用 【单选】

1. 感觉的规律及其运用

（1）感觉的适应

概念	感受器在刺激物的持续作用下使感受性发生变化的现象
举例	"入芝兰之室，久而不闻其香；入鲍鱼之肆，久而不闻其臭"
运用	①由光线较强的户外进入光线较暗的室内时，要让幼儿有暗适应的过程，以避免幼儿发生摔跤、踩踏等安全事故。 ②在让幼儿闻某种气味时，不要闻得太久，以免因为适应而分辨不出。 ③播放音乐给幼儿听不应过响，以免幼儿的听觉感受性下降，甚至损伤听力

（2）感觉后像

概念	外界刺激停止作用后，还能暂时保留一段时间的感觉现象
举例	电灯灭了，眼睛里还有灯泡的形象；声音停止，耳朵里还有余音在萦绕
运用	电影、动画及闪烁的霓虹灯利用的都是人的视觉后像

（3）感觉的对比

概念	同一感觉器官接受不同的刺激而使感受性发生变化的现象
分类	①同时对比：不同刺激物同时作用于同一感受器时产生的对比现象； ②继时对比：不同刺激物先后作用于同一感受器时产生的对比现象
举例	①月明星稀、黑人牙白。（同时对比） ②吃过甜点心之后再吃苹果，苹果变得发酸。（继时对比）
运用	制作多媒体课件可以利用视觉对比，突出要演示的对象，使幼儿看得清楚，印象深刻

(4) 联觉

概念	一种感觉兼有另一种感觉的心理现象
举例	某种颜色往往兼有冷暖感、远近感和轻重感
运用	联觉的应用在建筑物色调的设计上比较多

(5) 感觉的补偿

概念	丧失一种感觉能力的人，他们的其他感觉能力会由于代偿而得到特殊的发展
举例	有的盲人的听觉感受性比较高，他们能凭树叶碰击发出的声音来辨别树的种类，能凭脚步声的回音来判断障碍物的距离

2.知觉的规律及其应用

(1) 知觉的选择性

概念	作用于人的客观事物是纷繁多样的，但人不可能对客观事物全部清楚地感知到，只能根据需要选择少数事物作为知觉的对象
运用	在运用直观教具时，要突出知觉对象，淡化背景影响

(2) 知觉的理解性

概念	在知觉的过程中，人总是用过去所获得的有关知识经验，对感知事物进行加工处理，并用词把它们表示出来（一个事物，不同的人有不同的理解）
举例	一张X光片，医生可以从X光片中看出身体某部分的病变情况，而一般人做不到
运用	在教学过程中，要充分利用幼儿已有的知识经验，帮助幼儿理解知觉对象，把讲解与直观材料结合起来，通过语言揭示出直观材料不够完备之处，使幼儿能深入理解直观材料的意义

(3) 知觉的整体性

概念	知觉的对象具有不同的属性，由不同的部分组成，但是人并不把知觉的对象感知为个别的孤立部分，而总是把它知觉为一个统一的整体（经验帮助我们补全残缺，形成整体）
举例	窥一斑而知全豹
运用	在教学中要使幼儿获得整体性知觉，就要让幼儿眼、耳、口、手多种感官进行感知，从不同角度去认识

(4) 知觉的恒常性

概念	当知觉的条件在一定范围内改变了的时候，知觉的映象仍然保持相对不变（外界条件改变，物体本身不变）
举例	无论你在教室的哪个地方看教室的门，无论教室的门是开着的还是关着的，你总把教室的门看成是长方形的
运用	知觉的恒常性对人的生活有很大作用。它使人在知觉条件发生一定变化时，仍能按照事物的实际面貌对它做出反应，从而能够根据对象的实际意义来适应环境

第三节 学前儿童记忆的发展

知识点1 记忆的概念

记忆是人脑对过去经验的反映。

知识点2 记忆的基本过程 【单选、填空】

基本过程	含义
识记	识别和记住事物，从而积累知识经验的过程
保持	对识记过的事物进一步在头脑中保存、巩固的过程

续表

基本过程	含义
再认或回忆（在不同情况下恢复经验的过程）	再认：识记过的事物重新出现时，感到熟悉，确知是以前感知过或经历过的
	回忆（再现）：识记过的事物并没有再次出现，由于其他事物的影响而使这些事物在头脑里呈现出来的过程

知识点3 记忆表象及其特征

1. 记忆表象的概念

记忆表象是保持在记忆中的客观事物的形象，即当感知过的事物不在面前时，在大脑中再现出来的形象。

2. 记忆表象的特征

（1）形象性

记忆表象是感知后留下的形象，所以它具有形象、直观的特征。

（2）概括性

记忆表象产生于感知，但往往不是某一次感知的结果，大多是多次感知积累的产物。它反映着同一事物或同一类事物在不同条件下所经常表现出来的一般特征，具有概括性。

知识点4 记忆的分类 【单选、多选】

分类依据	类型	含义
记忆的内容	运动记忆	以过去经历过的身体运动或动作形象为内容的记忆
	情绪记忆	以曾经体验过的情绪或情感为内容的记忆
	形象记忆	以感知过的事物的具体形象为内容的记忆。形象记忆不仅是指视觉上的，听觉、触觉、嗅觉、味觉同样都可以开展形象记忆
	语词记忆	对各种有组织的知识为内容的记忆

续表

分类依据	类型	含义
记忆的保持时间	瞬时记忆	记忆印象在头脑中大约只能保持在 0.25～2 秒的记忆
	短时记忆	获得的信息在头脑中贮存不超过 1 分钟的记忆
	长时记忆	1 分钟以上甚至保持终生的记忆
记忆的意志性和目的性	无意记忆	没有预定目的，不需要意志努力，也不采用任何专门有效的方法所进行的记忆
	有意记忆	有预定目的，必要时需要意志努力的参与，并且采用一定的方法和步骤的记忆
记忆的理解程度	机械记忆	根据事物的外部联系或者表现形式，主要依靠机械重复的方式而进行的记忆
	意义记忆	在对材料内容理解的基础上，通过材料的内在联系或者新旧知识、经验之间的联系而进行的记忆
信息加工处理的方式	陈述性记忆	对有关事实和事件的记忆
	程序性记忆	如何做事情的记忆

知识点5 学前儿童记忆的发生与发展

发生与发展
- 胎儿的听觉记忆（胎儿末期，听觉记忆确已出现）
- 新生儿记忆的表现
  - 建立条件反射
  - 对熟悉的事物产生"习惯化"
- 婴儿记忆的表现（主要是再认形式，在 6 个月左右开始"认生"）

知识点6 学前儿童记忆的发展趋势

1. 记忆保持时间的延长 【单选】

记忆保持时间是指从识记材料开始到能对材料再认或回忆之间的间隔时间，也称为记忆的潜伏期。在幼儿记忆保持时间的发展中，存在一些独特的现象：

现象 { ①幼年健忘（3岁前儿童的记忆一般不能永久保持）
② 记忆恢复（回涨）现象（在一定条件下，学习后过几天测得的保持量比学习后立即测得的保持量要高）

2. 记忆容量的增加

（1）记忆广度

记忆广度是指在单位时间内能够记忆的材料的数量。这个数量是有一定限度的。一般人的记忆广度为 7 ± 2 个信息单位。

（2）记忆范围

记忆范围的扩大是指记忆材料种类的增多，内容的丰富。

（3）工作记忆

工作记忆是指在短时记忆过程中，把新输入的信息和记忆中原有的知识经验联系起来的记忆。

3. 记忆内容的变化 【单选】

从记忆的内容看，儿童记忆发生发展的顺序是：运动记忆（出生后2周左右）→情绪记忆（6个月左右）→形象记忆（6~12个月左右）→语词记忆（1岁左右）。

动情相（象）遇（语）。

4. 记忆的意识性与记忆策略的形成 【单选、简答】

（1）记忆意识性的发展

随着年龄的增长，儿童记忆意识性开始逐渐萌芽、发展。有意记忆的出现意味着记忆意识性的萌芽，而元记忆的发展则意味着记忆意识性发展到了一个新的阶段。

元记忆的发展是指儿童对自己的记忆过程的认识或意识的发展，包括以下几个方面：①明确记忆任务，包括认识到记忆的必要性和了解需要记忆的内容；②估计到完成任务过程中的困难，努力去完成任务，并选择记忆方法；③能够检查自己的记忆过程，评价自己的记忆水平。

(2) 记忆策略的形成

①儿童记忆策略的发展阶段

发展阶段
- A. 无策略阶段（0~5岁）：既不能自发地使用记忆策略，也不能在他人的要求或暗示下使用策略
- B. 部分策略阶段（5~7岁）：能部分地使用策略或使用一种策略的某种变式，表现为在有些场合能使用，而在另一些场合却不能使用
- C. 策略与效果脱节阶段（7~10岁）：能在各种场合使用某一种策略，但记忆的效果并没有提高，表现为记忆成绩滞后于策略使用的脱节现象
- D. 有效策略阶段（10岁以后）：能熟练地运用，并有效地提高记忆成绩

②学前儿童的记忆策略

策略
- A. 视觉复述策略（将注意力有选择地集中在所要记住的事物上）
- B. 定位策略（对目标刺激"贴上"某种特定的标签以便于记忆）
- C. 复述策略（不断重复需要记忆的内容）
- D. 组织性策略（将记忆材料按不同的意义组织成各种类别，编入各种主题，使它们产生意义联系，或对内容进行改组，以便于记忆）
- E. 提取策略（将贮存于长期记忆中的特定信息回收到意识水平上）

知识点7　幼儿记忆发展的特点　【单选、多选、判断、简答】

（1）无意记忆占优势，有意记忆逐渐发展；

（2）记忆的理解和组织程度逐渐提高；

（3）形象记忆占优势，语词记忆逐渐发展；

（4）幼儿记忆的意识性和记忆方法逐渐发展。

知识点8　记忆的保持、遗忘及遗忘规律　【单选】

1. 保持和遗忘

保持是过去识记过的事物形象在头脑中得到巩固的过程。

遗忘是对识记过的材料不能再认和再现，或者是错误的再认和再现。遗忘有各种情况：（1）能再认不能回忆，叫不完全遗忘；（2）不能再认也不能回忆，叫完全遗忘；（3）一时不能再认或回忆，叫临时性遗忘；（4）永远不能再认或回忆，叫永久性遗忘。

2.遗忘规律 【单选、简答】

德国心理学家艾宾浩斯最早对遗忘现象做了比较系统的实验研究。研究表明，遗忘是有规律的，即遗忘的进程是不均衡的，其趋势是先快后慢、先多后少，呈负加速，且到一定的程度就不再遗忘了。

知识点9 幼儿记忆力的培养 【单选、简答】

培养
- 明确记忆目的，增强记忆的积极性
- 通过各种感官参与识记
- 教授幼儿运用记忆的方法和策略
- 引导幼儿按照遗忘规律进行复习
- 培养幼儿对学习的兴趣和信心
- 选择最佳的记忆时间

知识拓展

幼儿常用的记忆方法

1. 直观形象记忆法（用直观的形象代替语言、文字以提高记忆效果）。

2. 归类记忆法（把许多同类的事物归为一类，将记忆材料整理成适当有序的材料库进行记忆）。

3. 歌诀记忆法（把要学习的内容编成歌谣或者歌诀的形式进行记忆）。

4. 愉快识记法（让幼儿怀着愉快的心情识记）。

第四节　学前儿童想象的发展

知识点1　想象的含义和特点

想象是对头脑中已有的表象进行加工改造，建立新形象的过程。想象的两大特点是形象性和新颖性。

知识点2　想象的分类　【单选】

分类依据	类型	含义
目的性和计划性	无意想象	没有预定目的和意图，在一定的刺激影响下，不由自主地进行的想象
	有意想象	根据一定的目的、自觉地创造出新形象的过程
内容的新颖性、独立性和创造性	再造想象	根据言语的描述或图形的示意，在头脑中形成相应的新形象的过程
	创造想象	在创造活动中，根据一定的目的、任务，在人脑中独立地创造新形象的心理过程

注：再造想象和创造想象都属于有意想象。

知识点3　学前儿童想象的发生及想象发展的一般趋势

1. 想象的发生

想象的发生 { 想象发生的年龄（1岁半到2岁儿童出现想象的萌芽）

想象萌芽的表现与特点 { 记忆表象在新情景下的复活

简单的相似联想

没有情节的组合 }

2. 想象发展的一般趋势　【简答】

一般趋势 { 无意性→开始出现有意性

单纯的再造性→出现创造性

极大夸张性→合乎现实的逻辑性 }

知识点4　幼儿想象发展的特点　【单选、多选、简答】

1. 无意想象为主，有意想象开始发展

（1）无意想象的特点

特点	表现	举例
目的性不明确	由外界刺激物直接引起	拿到什么东西，才想象可以用来干什么
主题易受外界的干扰而变化	想象主题极不稳定，容易从一个主题转换到另一个主题	正在当"医生"，忽然看见别的小朋友在"包糖果"，他就跑去当"工人"，和小朋友们一起"包糖果"
内容零散，无系统	想象的形象之间不存在有机的联系	画了"小人"，又画"螃蟹"，再画"海军"，然后又画了一把"牙刷"
受兴趣和情绪的影响	想象过程的方向、想象的结果、想象的丰富程度受其情绪和兴趣的影响	不高兴时，会把画的画涂黑
以想象过程为满足	不追求达到一定目的	对某个故事百听不厌

（2）有意想象的发展

特点 { 中班以后，想象已具有一定的有意性和目的性
　　　 大班以后，有意想象逐渐发展起来

2. 再造想象为主，创造想象开始发展

（1）再造想象的发展

幼儿再造想象的主要特点如下：

特点 { 常常依赖于成人的言语描述
　　　 常常根据外界情景的变化而变化
　　　 想象中的形象多是记忆表象的极简单加工，缺乏新异性

（2）创造想象的发展

幼儿期创造想象的主要特点如下：

特点 {
①最初的创造想象是无意的自由联想，可称为表露式创造
②创造想象的形象和原型只是略有不同，或者在常见模式的基础上略有改造
③情节逐渐丰富，从原型发散出来的种类和数量增加，以及能够从不同中找出非常规性的相似
}

整个幼儿时期，幼儿是以再造想象为主的。在教育的影响下，幼儿在中班以后，再造想象中开始出现创造性的成分。

3. 想象具有夸张性

（1）夸张性的表现

表现 {
夸大事物某个部分或某种特征
混淆假想与现实 {
把渴望得到的东西说成已经得到
把希望发生的事情当成已发生的事情来描述
在参加游戏或欣赏文艺作品时，与角色产生同样的情绪反应
}
}

（2）想象夸张的原因

①认知水平的限制。由于认知水平尚处于感性认识占优势的阶段，因此往往抓不住事物的本质。

②情绪对想象过程有影响。幼儿的一个显著心理特点是情绪性强。他感兴趣的东西、他希望的东西，往往在其意识中占据主要地位。

③幼儿想象在认知中地位的制约。幼儿想象的夸大性，反映了幼儿想象的发展水平，及其在认知发展中的地位。幼儿的想象是一端接近于记忆，另一端接近于创造性思维的阶段。

④想象表现能力的局限。

知识拓展

再造想象的类型

类型	含义	举例
经验性想象	凭借个人生活经验和个人经历开展想象活动	中班的超超对夏日的想象是：小朋友们在水上世界玩，一会儿游泳，一会儿滑滑梯，一会儿吃雪糕
情境性想象	想象活动是由画面的整个情境引起的	中班的霓霓对暑假的想象是：坐在电风扇下，阿婆从冰箱中拿出果汁让我们喝
愿望性想象	在想象中表露出个人的愿望	大班幼儿苏立说："妈妈，我长大了也想和你一样，做一位老师。"
拟人化想象	把客观物体想象成人，用人的生活、思想、情感、语言等去描述	中班的霓霓去海底世界玩后，对妈妈说："有的鱼睁着眼睛在盯着我看，好像在说'我认识你'。"

知识点5 各年龄阶段儿童想象的特点 【单选、多选、简答】

3~4岁	4~5岁	5~6岁
①想象活动没有目的，没有前后一贯的主题；②想象内容零碎，无意义联系，内容贫乏，数量少而单调	①想象仍以无意性为主；②想象出现了有意成分；③想象的目的、计划非常简单；④想象内容较以前丰富，但仍然零碎	①想象的有意性相当明显；②想象内容进一步丰富，有情节；③想象内容新颖性程度增加；④想象形象力求符合客观逻辑

知识点6 学前儿童想象力的培养 【简答】

培养策略
- 丰富幼儿的表象，发展幼儿的语言表现力
- 在文学艺术等多种活动中，创造幼儿想象发展的条件
- 在游戏中，鼓励和引导幼儿大胆想象
- 在活动中进行适当的训练，提高幼儿的想象力
- 抓住日常生活中的教育契机，引导幼儿进行想象
- 引导幼儿的想象符合客观规律

第五节 学前儿童思维的发展

知识点1 思维的概念和基本特点 【单选】

（1）概念：思维是人脑对客观现实的间接的和概括的反映，是人认知的高级阶段。

（2）基本特点：

特点	含义	一般表述	举例
间接性	间接地反映事物	由……推测……	地震工作者根据动物的反常表现预测地震
概括性	反映一类事物共同的本质属性，或事物之间的规律性联系	下定义；得出……结论	每次看到"月晕"就要"刮风"，础石"潮湿"就要"下雨"，就能得出"月晕而风，础润而雨"的结论

知识点2 儿童思维的发生与发展

1. 思维的发生

出现最初的用语词的概括，是儿童思维发生的标志。

2. 思维发展的趋势 【单选、判断、填空】

（1）思维方式的变化

直观行动思维→具体形象思维→抽象逻辑思维。

直观行动思维	①含义：直观的、行动的方式进行的思维。该思维活动的典型方式是"尝试错误"。 ②例子：儿童掰手指计算。 ③年龄：2～3岁最为突出。3～4也常有表现。 ④地位：儿童最初的思维是以直观行动思维为主
具体形象思维	①含义：依靠事物在头脑中的具体形象进行的思维。 ②例子：儿童计算3+4=7，是在头脑中用三个苹果加上四个苹果等实物表象相加而计算出来的。 ③年龄：3～6、7岁。 ④地位：幼儿期幼儿思维的主要方式；幼儿思维的典型方式
抽象逻辑思维	①含义：运用概念、根据事物的逻辑关系来进行的思维。 ②例子：科学家进行科学推理。 ③年龄：5岁萌芽。 ④地位：人类所特有的思维。

（2）思维工具的变化

思维方式	思维工具	动作和语言的作用 （动作的作用是由大到小，语言的作用由小到大）
直观行动思维	感知和动作	语言是行动的总结
具体形象思维	表象	语言伴随动作进行
抽象逻辑思维	概念	语言先于动作出现，并起着计划动作的作用

（3）思维活动的内化

儿童思维起先是外部的、展开的，以后逐渐向内部的、压缩的方向发展。

（4）思维内容的变化

儿童的思维是从反映事物的外部联系和现象发展到反映事物的内在的、本质的联系和属性。

知识点3 幼儿思维发展的特点 【单选】

（1）幼儿初期的思维仍具有一定的直观行动性。

（2）具体形象思维是幼儿思维的主要特征。幼儿的具体形象思维主要表现出以下几个方面的特点：

特点	具体表现	举例
具体性	容易掌握那些代表实际东西的概念，不容易掌握比较抽象的概念	掌握"小汽车"这个概念比"交通工具"要容易
形象性	依靠事物的形象来思维	认为爷爷总是长着白胡子
经验性	常根据自己的生活经验来进行	把热水倒入鱼缸中，因为老师说了喝开水不生病
拟人性	往往把动物或一些物体当作人来对待	认为太阳公公能看见小朋友们在玩
表面性	只从表面理解事物，因而不理解词的转义，也难以理解"反话"	儿童听妈妈说："看那个女孩子长得多甜！"他问："妈妈，您舔过她吗？"
片面性	不善于全面地看问题	蒸米饭，把米洗好了放在锅里，却没有放水
固定性	缺乏灵活性	非要用老师手里的剪刀
近视性	不会更多地去思考事情的后果	磕到额头，反而因为像"两个车灯"而高兴

（3）幼儿晚期（5~6岁）抽象逻辑思维开始萌芽。

知识点4 学前儿童思维基本过程的发展

1.学前儿童分析和综合的发展

在不同的认知阶段，分析和综合有不同的水平。对事物感知形象的分析综合，是感知水平的分析综合。随着语言在学前儿童分析综合中作用的增加，学前儿童逐渐学会凭借语言在头脑中分析综合。

2.学前儿童比较的发展

发展趋势 { 逐渐学会找出事物的相应部分
找不同→找相同→找相似

3.学前儿童分类的发展 【单选】

（1）分类的类型

类型	表现	举例
不能分类	分类毫无逻辑	—
依感知特点分类	依颜色、形状、大小或其他特点分类	把香蕉和柠檬归为一类，因为都是黄色的
依生活情境分类	经常在一起的东西归为一类	书包是放在桌子上的，就把书包和桌子归为一类
依功用分类	根据物体的功能分类	把桌、椅分为一类，因为都是写字用的
依概念分类	根据物体的概念分类	把车、船分为一类，因为都是载人、运东西的交通工具

（2）分类的年龄特点

年龄特点 { 4岁以下基本上不能分类
5~6岁处于由不会分类向开始发展初步分类能力的过渡时期
6岁以后，儿童能够依物体的功用及其内在的联系进行分类

4.学前儿童概括的发展

学前儿童的概括水平是处于表面的、具体的感知和经验的概括到开始进行某些内部的、靠近本质概括的发展阶段。

知识点5 学前儿童概念的发展

1.概念的形成与掌握

学前儿童对概念的掌握并不是简单地、原封不动地接受，而是要把成人传授的现成概念纳入自己的经验系统中，按照自己的方式加以改造。

2.学前儿童掌握概念的方式

(1)通过实例获得概念。学前儿童获得的概念几乎都是这种学习方式的结果。

(2)通过语言理解获得概念。在较正规的学习中，成人也常用给概念下定义，即讲解的方式帮助学前儿童掌握概念。

3.学前儿童掌握概念的一般特点

特点 { 以掌握具体实物概念为主，向掌握抽象概念发展
掌握概念的名称容易，掌握概念内涵困难

> **学霸点睛**
>
> 每个概念都有一定的内涵和外延。
>
> 内涵即含义，是指概念所反映的事物的本质特征。
>
> 概念的外延，则是指概念所反映的具体事物，即适用范围。

4.学前儿童掌握不同概念的特点

(1)学前儿童掌握实物概念的特点

特点 { 以低层次概念为主
以具体特征为主

(2)学前儿童掌握数概念的特点

特点 {
　数概念的萌芽 { 辨数：对物体大小或多少的模糊认识
　　　　　　　　认数：产生对物体整个数目的知觉
　　　　　　　　点数：开始形成数概念
　数概念的发展 { 掌握数的顺序
　　　　　　　　掌握数的实际意义
　　　　　　　　掌握数的组成
}

> **学霸点睛**
>
> 儿童的数概念的形成，经历口头数数→给物说数→按数取物→掌握数概念四个阶段。

（3）学前儿童掌握空间概念的特点

儿童空间知觉和时间知觉发展较早，而掌握空间概念和时间概念则比较晚。掌握空间概念和时间概念与掌握相应的词有密切联系。

知识点6　学前儿童判断、推理的发展

1.学前儿童判断发展的趋势

趋势	表现
形式间接化	直接判断（感知形式的判断）→间接判断（反映事物之间联系）
内容深入化	反映事物的表面联系→反映事物本质联系
根据客观化	以对待生活的态度为依据→以客观逻辑为依据
论据明确化	没有意识到判断的根据→明确意识到自己的判断根据

2.学前儿童推理的发展

归纳推理	含义	个别到一般的推理。（通过考察个别事物或现象具有某种属性，进而推导出该类事物或现象普遍具有该属性）
	例子	"喜鹊长着两只脚，燕子长着两只脚，乌鸦长着两只脚"→"鸟长着两只脚"
	发展特点	幼儿概括处于具体形象水平，往往只能对事物的外部的非本质的特征进行归纳

续表

转导推理（最初）	含义	个别到个别的推理（无逻辑的推理，是儿童还没有形成"类概念"，即不能把同类与非同类事物相区别的结果）
	例子	"种豆得豆，种葵花长葵花"→"种糖长糖"
	发展特点	在3～4岁学前儿童身上是常见的
演绎推理	含义	一般到个别的推理。典型的形式是三段论
	例子	大班小朋友暑期后要上小学了（大前提），佳佳是大班的小朋友（小前提）→佳佳暑假后要上小学了（结论）
	发展特点	处于萌芽状态。但研究表明，学前晚期（5～7岁）的儿童，经过专门教学，能够正确运用三段论式的逻辑推理
类比推理	含义	从两个（类）对象的相似性和一个（类）对象的已知特征推出另一个（类）对象也具有这个特征
	例子	"苹果/水果"→"（？）/文具"。（要求儿童从"铅笔、书、报纸"等几个答案中选择）
	发展特点	3岁还不会进行类比推理，4岁类比推理开始发展，但水平很低，5～6岁类比推理能力有了进一步的发展，但还没有达到较高级水平

知识点7 学前儿童理解的发展

趋势
- 对个别事物的理解→理解事物之间的关系
- 依靠具体形象→依靠语言说明
- 简单、表面→较复杂、深刻 ——→个别表情相聚（其）。
- 与情感密切联系→比较客观
- 不理解事物的相对关系→逐渐能理解相对关系

知识点8 学前儿童思维能力的培养 【多选】

培养
- 不断丰富学前儿童的感性知识
- 帮助学前儿童丰富词汇，正确理解和使用各种概念，发展语言
- 开展分类练习活动，培养学前儿童的抽象逻辑思维能力
- 在日常生活中鼓励学前儿童多想、多问，激发其求知欲，保护其好奇心
- 开展各种游戏（智力游戏、教学游戏），培养学前儿童的创造性思维

第六节 皮亚杰的心理发展观——发生认识论

知识点1 皮亚杰理论的基本思想

1. 心理发展的实质和过程 【单选】

（1）发展的实质

①动作是感知的源泉和思维的基础。

②心理发展的实质是适应，适应包含同化和顺应。

③适应的本质是机体与环境的平衡。

（2）发展的过程

儿童的认知是在已有图式的基础上，通过同化、顺应和平衡，不断从低级向高级发展。

图式	概念	一系列整合的知觉、观念和行为在心理上的表征
	最初图式	遗传所带来的一些本能反射行为，如吸吮反射、定向反射等
同化	概念	把环境因素纳入机体已有的认知结构之中（用旧的观点处理新的情况）
	例子	幼儿认为会飞的物体都是鸟，然后，当他看到任何新的、会飞的物体都会将其称为鸟（例如将飞机认成鸟）

续表

顺应	概念	改变主体已有的图式或认知结构以适应客观变化（改变旧观点以适应新情况）
	例子	幼儿原本认为会飞的物体都是鸟，但是当他发现超人也会飞时，儿童已有的认知结构和事实产生了矛盾，于是儿童就会修正他的"会飞的物体都是鸟"这个图式
平衡	概念	同化和顺应之间的"均衡"

学霸点睛

考试中最常考的是"同化"和"顺应"的区别，答题时需看原有图式是否改变：改变即为顺应，不改变则为同化。

2. 影响心理发展的因素

（1）成熟。成熟主要指大脑和神经系统的发育程度。

（2）经验。皮亚杰把经验分为具体经验（即物理经验）和抽象经验（即逻辑数学经验）。

（3）社会环境。皮亚杰认为，环境、教育对幼儿心理发展并不起决定作用，它只能促进或延缓幼儿心理发展而已。

（4）平衡。皮亚杰认为平衡化是发展的基本因素，它甚至是协调其他三种因素的必要因素。

知识点2 皮亚杰的认知发展阶段理论 【单选、案例分析】

敢（感）签（前）巨（具）星（形）。

认知发展阶段	特征
感知运动阶段（0~2岁）	①智力的萌芽期，是以后发展的基础。 ②获得了客体永久性，即知道某人或某物虽然现在看不见，但仍然是存在的

续表

认知发展阶段	特征
前运算阶段（2～7岁）	①泛灵论：幼儿将一切物体都赋予生命的色彩。 ②自我中心性：儿童仅从自己的角度去表征世界，很难从别人的视角看问题，认为所有人的观点、想法和情绪体验都是和自己一样的。为研究这一阶段儿童思维的自我中心性，皮亚杰设计了著名的"三山实验"。 ③不能理顺整体和部分的关系：儿童能把握整体，也能分辨两个不同的类别。但是，当要求他们同时考虑整体和整体的组成部分的关系时，儿童多半会给出错误的答案。 ④思维的不可逆性：儿童无法改变思维的方向，使之回到起点。 ⑤缺乏守恒：儿童认识不到即使客体在外形上发生了变化，但其特有的属性不变
具体运算阶段（7～11岁）	①认知结构已发生了重组和改善，思维具有一定的弹性，思维可以逆转。 ②儿童已经认识了长度、体积、重量和面积等的守恒，能凭借具体事物或从具体事物中获得的表象进行逻辑思维和群集运算
形式运算阶段（11～15岁）	①儿童的思维已超越了对具体可感知的事物的依赖，儿童的思维是以命题形式进行的，并能发现命题之间的关系。 ②能够根据逻辑推理、归纳或演绎的方式来解决问题。 ③能理解符号的意义、隐喻和直喻。 ④能做一定的概括，其思维发展水平已接近成人的水平

要点回顾

1. 幼儿注意发展的主要特征。
2. 幼儿有意注意产生的条件。
3. 幼儿注意分散的原因。
4. 防止幼儿注意分散的措施。
5. 幼儿观察力发展的特点。
6. 学前儿童记忆的发展趋势。
7. 学前儿童的记忆策略。
8. 幼儿记忆发展的特点。
9. 幼儿记忆力的培养措施。
10. 学前儿童想象发展的一般趋势。
11. 幼儿想象发展的特点。
12. 幼儿无意想象的特点。
13. 学前儿童想象力的培养措施。
14. 学前儿童分类的类型。
15. 学前儿童理解能力的发展趋势。
16. 学前儿童思维能力的培养措施。
17. 皮亚杰的认知发展阶段理论。

第五章　学前儿童情绪情感和意志的发展

思维导图

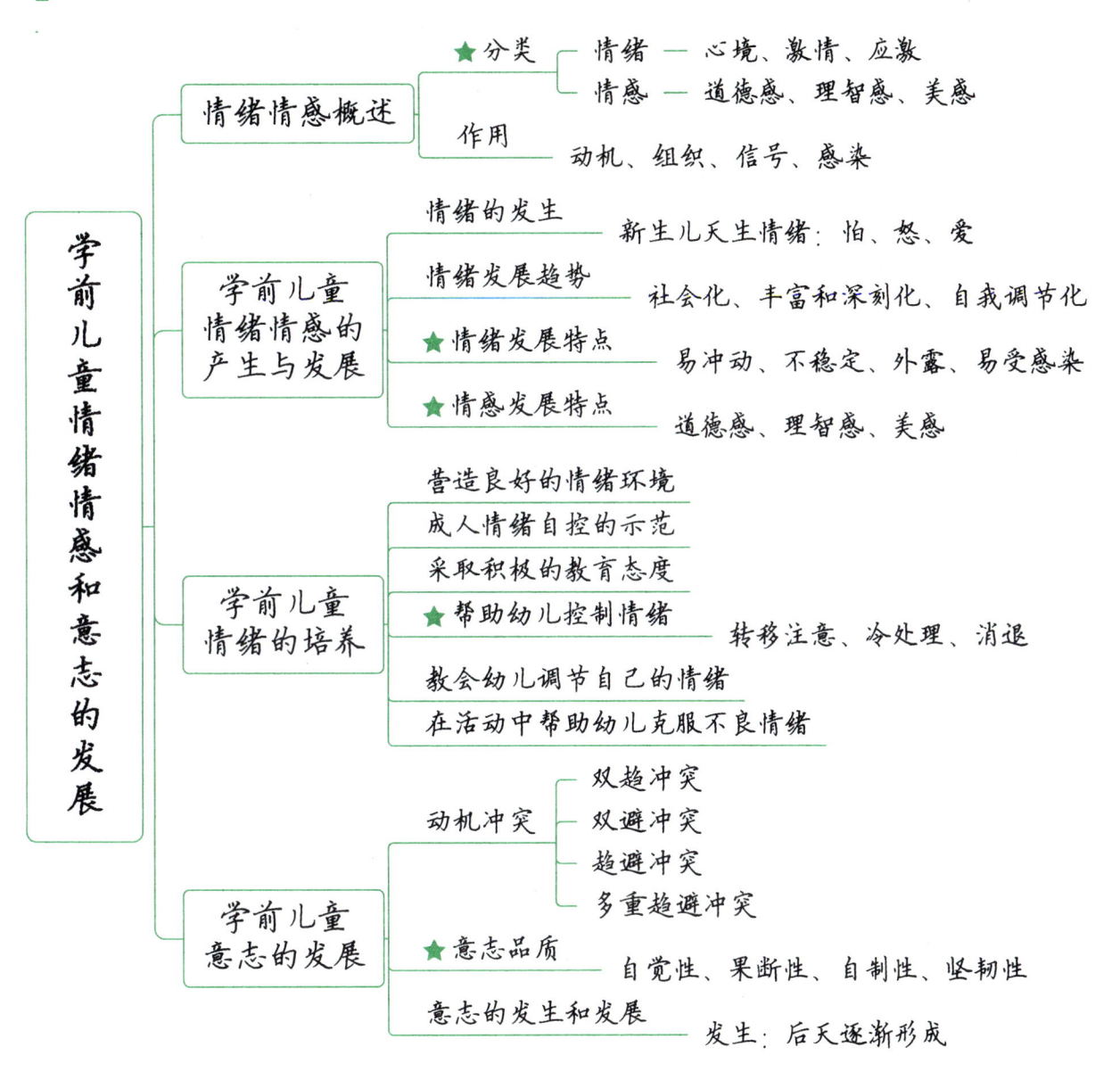

学前儿童情绪情感和意志的发展
- 情绪情感概述
  - ★分类
    - 情绪——心境、激情、应激
    - 情感——道德感、理智感、美感
  - 作用——动机、组织、信号、感染
- 学前儿童情绪情感的产生与发展
  - 情绪的发生——新生儿天生情绪：怕、怒、爱
  - 情绪发展趋势——社会化、丰富和深刻化、自我调节化
  - ★情绪发展特点——易冲动、不稳定、外露、易受感染
  - ★情感发展特点——道德感、理智感、美感
- 学前儿童情绪的培养
  - 营造良好的情绪环境
  - 成人情绪自控的示范
  - 采取积极的教育态度
  - ★帮助幼儿控制情绪——转移注意、冷处理、消退
  - 教会幼儿调节自己的情绪
  - 在活动中帮助幼儿克服不良情绪
- 学前儿童意志的发展
  - 动机冲突
    - 双趋冲突
    - 双避冲突
    - 趋避冲突
    - 多重趋避冲突
  - ★意志品质——自觉性、果断性、自制性、坚韧性
  - 意志的发生和发展——发生：后天逐渐形成

知识梳理

第一节　情绪情感概述

知识点1　情绪情感的概念及关系

1. 情绪情感的概念

情绪情感是人对客观事物的态度体验及相应的行为反应。

2. 情绪情感的关系

	情绪	情感
区别	原始的、低级的	后继的、高级的
	具有情境性、外显性和不稳定性	具有深刻性、内隐性和稳定性
	与生理需要是否满足相联系	与社会需要是否满足相联系
联系	①情绪要受到情感的制约和调节； ②稳定的情感是在情绪的基础上形成并通过各种变化着的情绪表现出来	

知识点2　情绪情感的分类　【单选、判断】

1. 情绪的分类

类型	含义	举例
心境	微弱、持久、带有弥散性的情绪状态	①人逢喜事精神爽。 ②感时花溅泪，恨别鸟惊心
激情	爆发式、猛烈而短暂的情绪状态	欣喜若狂、怒发冲冠、暴跳如雷
应激	出乎意料的紧迫情况下引起的急速而高度紧张的情绪状态	正在行驶的车遇到意外故障时，司机紧急刹车

2. 情感的分类

类型	含义	举例
道德感	言行是否符合道德标准而引起的体验	幼儿对其他小朋友违反规则的行为感到不满，对自己做错事感到内疚
理智感	认识客观事物的过程中所产生的情感体验。与人的求知欲、认识兴趣、解决问题的需要等满足与否相联系	幼儿打破砂锅问到底，当成人给他满意的答案时，他就觉得很愉悦
美感	人对事物审美的体验	游历美好山川时让人心生美感

知识点3　情绪情感在学前儿童心理发展中的作用

（1）动机作用。情绪、情感对人的行为具有推动或抑制作用。

（2）组织作用。积极情绪起协调、组织的作用，消极情绪起破坏、瓦解的作用。

（3）信号作用。情绪和情感是向他人表达、传递自身需要及状态（如愉快、愤怒等）的信号，这种信号功能主要通过情绪、情感的外显形式（表情及言语）来实现。

（4）感染作用。在一定的条件下，一个人的情感可以影响别人，使之产生同样的情感。

第二节　学前儿童情绪情感的产生与发展

知识点1　儿童情绪的发生

1.情绪的发生

最初表现出来的情绪反应具有两个突出特点：

特点 { 与生理需要是否得到满足直接相关
　　　　是儿童与生俱来的遗传本能，具有先天性

2.原始情绪的分类　【单选】

华生提出，新生儿有三种天生的主要情绪：怕、怒和爱。

3.学前儿童几种基本情绪的发生和分化　【单选】

基本情绪		表现
哭		新生儿的哭主要是生理性的，幼儿的哭，主要表现为社会性情绪
笑	自发性的笑	或称内源性的笑，是一种生理表现。主要发生在婴儿的睡眠中，困倦时也可能出现
	诱发性的笑	由外界刺激引起的，可以分为反射性的诱发笑和社会性的诱发笑两大类（从第五周开始，婴儿对社会性物体和非社会性物体的反应不同，人的出现，包括人脸、人声，最容易引起婴儿的笑，即婴儿开始出现"社会性微笑"）

续表

基本情绪		表现
恐惧	本能的恐惧	婴儿出生就有。最初的恐惧不是由视觉刺激引起的，而是由听觉、肤觉、机体觉刺激引起的，如刺耳的高声等
	与知觉和经验相联系的恐惧	婴儿从4个月左右开始，出现与知觉发展相联系的恐惧。引起过不愉快经验的刺激也会激起恐惧情绪。也是从这个时候开始，视觉对恐惧的产生逐渐起主要作用
	怕生	对陌生刺激物的恐惧反应。怕生与依恋情绪同时产生，一般在6个月左右出现
	预测性的恐惧	2岁左右的婴儿，随着想象的发展，出现了预测性恐惧，如怕黑、怕坏人等。这些都是和想象相联系的恐惧情绪，往往是因环境的不良影响而形成

知识点2　学前儿童情绪发展的一般趋势　【单选】

一般趋势
- 情绪的社会化
  - 情绪中社会性交往的成分不断增加
  - 引起情绪反应的社会性动因不断增加
  - 情绪表述的社会化
- 情绪的丰富和深刻化
- 情绪的自我调节化
  - 情绪的冲动性逐渐减少
  - 情绪的稳定性逐渐提高
  - 情绪从外显到内隐

知识点3　幼儿情绪发展的特点　【单选、简答、案例分析】

特点	表现	举例
易冲动性	常常处于激动状态，而且来势强烈，不能自制	看到故事书中的"坏人"，常常会把它抠掉
不稳定性	两种对立的情绪在短时间内互相转换	破涕为笑

续表

特点	表现	举例
外露性	完全表露在外，丝毫不加控制和掩饰	想哭就哭，想笑就笑
易受感染	非常容易受周围人的情绪影响	一名幼儿哭，会惹得周围的幼儿跟着一起哭

知识点4 幼儿情感发展的特点 【单选】

情感		特点
道德感	小班	主要是指向个别行为，如知道打人、咬人是不好的
	中班	不但关心自己的行为是否符合道德标准，而且开始关心别人的行为，并由此产生相应的情感（告状）
	大班	进一步发展和复杂化。他们对好与坏、好人与坏人，有鲜明的不同感情。这个年龄段的幼儿的集体情感也开始发展起来
理智感		①幼儿的理智感有一种特殊的表现形式，即好奇好问。另一种表现形式是与动作相联系的"破坏"行为。 ②5岁左右，这种情感已明显地发展起来，突出表现在幼儿很喜欢提问题，并由于提问和得到满意的回答而感到愉快。6岁幼儿喜爱进行各种智力游戏或所谓的"动脑筋"活动，如下棋，猜谜语等
美感		幼儿晚期，幼儿开始不满足于颜色鲜艳，还要求颜色搭配协调

第三节　学前儿童情绪的培养

策略
- 营造良好的情绪环境
- 成人情绪自控的示范
- 采取积极的教育态度
- 帮助幼儿控制情绪（转移注意法、冷处理法、消退法）
- 教会幼儿调节自己的情绪（行为反思法、想象法、自我说服法）
- 在活动中帮助幼儿克服不良情绪
  - ①成人要善于发现与辨别孩子的情绪
  - ②从幼儿的情绪表现来分析幼儿的内心情感世界
  - ③注意幼儿的个别差异，对不同的孩子采取不同的方法
  - ④注意孩子积极情感的引导，让积极情感成为幼儿情感的主旋律，减少消极情感的产生

第四节　学前儿童意志的发展

知识点1　意志与意志行动的概念

1. 意志的概念

意志是个体自觉地确定目的，并根据目的支配、调节自己的行动，克服面临的各种困难，实现预定目的的心理过程。

2. 意志行动的概念

意志和行动是不可分割的。人在行动之前总要考虑做什么，怎么做，并按照考虑好的计划去行动，努力克服在行动之中遇到的困难。通常把这种在意志支配下的行动叫意志行动。

知识点2　意志行动中的动机冲突　【单选】

种类	概念	典例
双趋冲突（接近—接近型）	从自己同时都很喜爱的两个事物中仅择其一的心理状态	高中选文理科时，有的学生既想学文科又想学理科

续表

种类	概念	典例
双避冲突（回避—回避型）	从希望回避的两种事物中必取其一的心理状态	既不想起床，又不想因迟到而被批评
趋避冲突（接近—回避型）	对同一目的兼具好恶的矛盾心理	学生想参加学校里的文体活动锻炼自己，又怕耽误时间影响自己的学习成绩
多重趋避冲突（多重接近—回避型）	对含有吸引与排斥两种力量的多种目标予以选择时所发生的冲突	大学毕业生择业时多种选择的冲突

知识点3　意志的品质　【单选】

意志的品质	定义	与之相反的意志品质
自觉性	一个人清晰地意识到自己行动的目的和意义，并且能够主动地支配自己的行动，使之符合既定目的的意志品质	受暗示性（盲从）和独断性
果断性	一种善于明辨是非、抓住时机、迅速而合理地采取决定并执行决定的意志品质	优柔寡断和草率武断
自制性	一个人善于控制和支配自己的情绪，约束自己言行的品质	任性和怯懦
坚韧性（坚持性）	一个人在行动中坚持决定，百折不挠地克服重重困难去达到行动目的的品质	动摇性和执拗性

> **学霸点睛**
>
> 自觉性和自制性的区别：
>
> （1）自觉性是对自己行动的动机和目的非常明确，能主动支配自己的行动（无人看管、自觉自发）。
>
> （2）自制性是善于控制、约束自己的言行（抵制诱惑、约束言行）。

知识点4　学前儿童意志的发生和发展

1. 学前儿童意志的发生

意志是通过动作表现出来的。个体的意志行动不是一出生就有的，它是在出生后两年的成长过程中，在儿童本身有意运动实践的基础上，随着言语和认识过程的发展，经过成人的教育指导而逐渐形成的。

2. 学前儿童意志的发展

	表现
自觉性的发展	学前晚期自觉性有一定的发展，表现为不仅能执行成人的简单委托，而且自己也能提出一定的行动目的
果断性的发展	学前儿童的果断性还比较差，当他们面临动机冲突时，往往犹豫不决，或草率决定，不能在成人的指导或暗示下做出决断
自制性的发展	5～6岁儿童的自制力有了明显的提高，他们逐渐学会了按规矩活动，开始能够控制自己的外部行动和内部心理过程，但其发展的水平仍很低
坚持性的发展	坚持性发生明显质变的年龄是在4～5岁。他们开始能够努力坚持完成每一项任务

知识点5　学前儿童意志品质的培养　【简答、案例分析】

（1）培养孩子良好的兴趣；

（2）鼓励和增强孩子的自信心；

（3）启发自我锻炼；

（4）鼓励孩子做好每一件事；

（5）通过实践锻炼孩子的意志；

（6）制定切实可行的目标，帮助孩子实现目标。

要点回顾

1. 情绪情感在学前儿童心理发展中的作用。
2. 学前儿童情绪发展的一般趋势。
3. 幼儿情绪发展的特点。
4. 学前儿童情绪的培养措施。
5. 学前儿童意志品质的培养措施。

第六章 学前儿童个性的发展

思维导图

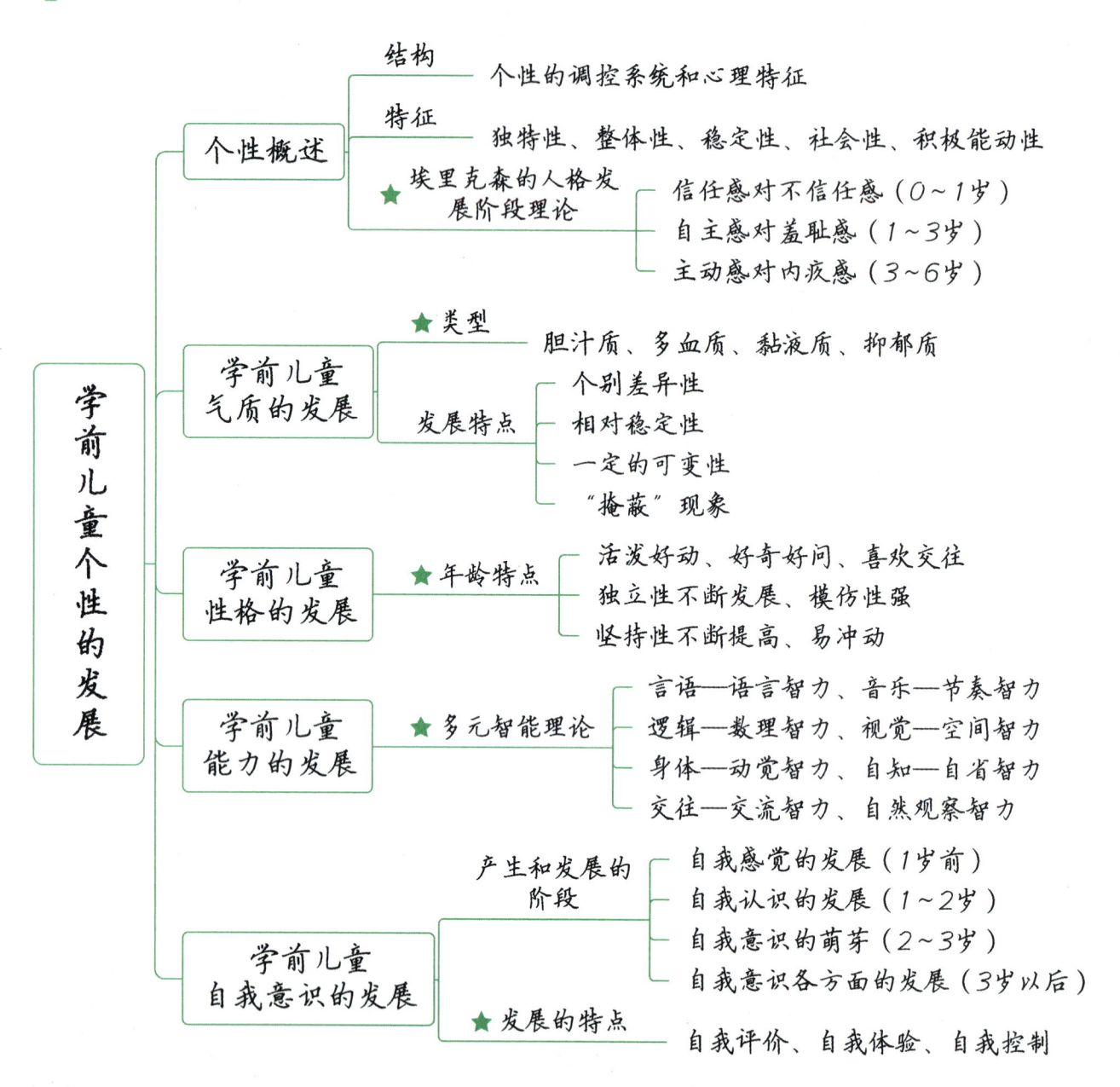

- 学前儿童个性的发展
  - 个性概述
    - 结构——个性的调控系统和心理特征
    - 特征——独特性、整体性、稳定性、社会性、积极能动性
    - ★埃里克森的人格发展阶段理论
      - 信任感对不信任感（0~1岁）
      - 自主感对羞耻感（1~3岁）
      - 主动感对内疚感（3~6岁）
  - 学前儿童气质的发展
    - ★类型——胆汁质、多血质、黏液质、抑郁质
    - 发展特点
      - 个别差异性
      - 相对稳定性
      - 一定的可变性
      - "掩蔽"现象
  - 学前儿童性格的发展
    - ★年龄特点
      - 活泼好动、好奇好问、喜欢交往
      - 独立性不断发展、模仿性强
      - 坚持性不断提高、易冲动
  - 学前儿童能力的发展
    - ★多元智能理论
      - 言语—语言智力、音乐—节奏智力
      - 逻辑—数理智力、视觉—空间智力
      - 身体—动觉智力、自知—自省智力
      - 交往—交流智力、自然观察智力
  - 学前儿童自我意识的发展
    - 产生和发展的阶段
      - 自我感觉的发展（1岁前）
      - 自我认识的发展（1~2岁）
      - 自我意识的萌芽（2~3岁）
      - 自我意识各方面的发展（3岁以后）
    - ★发展的特点——自我评价、自我体验、自我控制

知识梳理

第一节 个性概述

知识点1 个性的概念

个性是指一个人比较**稳定的**、具有一定倾向性的各种心理特点或品质的独特

组合。

知识点2 个性的结构 【单选】

结构
- 个性的调控系统
  - ①个性的调节系统（以自我意识为核心）
  - ②个性倾向性（以人的需要为基础的动机系统，主要是需要、动机和兴趣）
- 个性心理特征（气质、能力、性格等）

知识点3 个性的基本特征 【单选】

特征	含义	举例
独特性	人与人之间没有完全相同的个性	一样米养百样人
整体性	每个人行为的各方面都体现出统一的特征	丽丽脾气急，在生活中还表现出：动作快，吃饭快，做事喜欢一口气做完，易冲动
稳定性	时间久、跨空间	①三岁看大，七岁看老；②一个热情豪爽的孩子，无论在家还是在幼儿园都表现出这种品质
社会性	受社会环境影响	不同国家、不同民族的人的个性有比较明显的差异
积极能动性	每个个体都积极地去反映、适应或改造客观现实	幼儿积极探索周围的环境

知识点4 个性开始形成的主要标志 【单选、多选】

阶段
- 2岁左右，个性逐步萌芽
- 3~6岁个性开始形成
  - 心理活动整体性的形成
  - 心理活动稳定性的增长
  - 心理活动独特性的发展
  - 心理活动积极能动性的发展

| 135

知识点5　埃里克森的人格发展阶段理论　【单选、简答】

阶段	年龄	冲突	获得的人格
第一阶段	0~1岁	基本的信任感对基本的不信任感	信任感
第二阶段	1~3岁	自主感对羞耻感	自主性
第三阶段	3~6岁	主动感对内疚感	主动性
第四阶段	6~11岁	勤奋感对自卑感	勤奋感
第五阶段	12~18岁	自我同一性对角色混乱	自我同一性

备注：这里只具体列出前五个阶段。其他三个阶段分别为：亲密感对孤独感（成年早期）、繁殖感对停滞感（成年中期）、自我整合对绝望感（成年晚期）。

第二节　学前儿童气质的发展

知识点1　气质的概念和特性

1. 气质的概念

气质是个人心理活动的稳定的动力特征。心理活动的动力特征主要指心理过程的速度和稳定性，心理过程的强度和心理活动的指向性等方面的特点。

2. 气质的特性

（1）天赋性（出生就有）；（2）遗传性；（3）稳定性（不易改变）。

知识点2　气质的类型及其行为特征　【单选】

1. 传统的体液说

气质类型	特征	代表人物
胆汁质	精力旺盛、表里如一、刚强、易感情用事	张飞、李逵
多血质	反应迅速、有朝气、活泼好动、动作敏捷、情绪不稳定、粗枝大叶	王熙凤
黏液质	稳重，但灵活性不足；踏实，但有些死板；沉着冷静，但缺乏生气	沙僧、林冲
抑郁质	敏锐、稳重、体验深刻、外表温柔、怯懦、孤独、行动缓慢	林黛玉

2. 巴甫洛夫高级神经活动类型论

高级神经活动类型	高级神经活动过程	气质类型
不可遏制型	强、不平衡	胆汁质
活泼型	强、平衡、灵活	多血质
安静型	强、平衡、不灵活	黏液质
弱型	弱	抑郁质

3. 托马斯—切斯的三类型说（婴儿的气质类型）

气质类型	特征
容易型	占40%；情绪稳定，活泼、爱玩、愉快，睡眠和饮食都有规律，容易适应新的环境，容易接近陌生人，容易接受新事物
迟缓型	占15%；平时不够活泼，有时大惊小怪，表现为安静和退缩，对新环境和新事物适应缓慢
困难型	占10%；经常大惊小怪，生理活动没有规律，害怕生人，对新环境表现出强烈的退缩和激动，反应迟缓；心情不愉快，与成人关系不密切，并且缺乏教育

知识点3　学前儿童气质发展的特点　【单选】

特点
- 个别差异性（婴儿出生后即表现出气质的差异）
- 相对稳定性（个性心理特征中，气质最早出现，变化最缓慢）
- 一定的可变性（气质可以逐渐改变）
- "掩蔽"现象（原有气质特征没有充分表现出来）

知识点4　学前儿童气质的培养及教育适宜性　【简答】

(1) 要了解学前儿童的气质特征。

(2) 不要轻易对学前儿童的气质类型下结论。

(3) 要善于理解不同气质类型儿童的不足之处。

(4) 针对学前儿童气质的特点，采取适宜的教育措施。

①对于胆汁质的孩子，要培养勇于进取、豪放的品质，防止任性、粗暴。

②对于多血质的孩子，要培养热情开朗的性格及稳定的兴趣，防止粗枝大叶、虎头蛇尾。

③对于黏液质的孩子，要培养积极探索精神及踏实、认真的优点，防止墨守成规、谨小慎微。

④对于抑郁质的孩子，要培养机智、敏锐和自信心，防止疑虑、孤独。

第三节　学前儿童性格的发展

知识点1　性格的概念

性格是指表现在人对现实的态度和惯常的行为方式中的比较稳定的心理特征。

知识点2　性格与气质的关系　【判断】

	气质	性格
区别	受生理影响大	受社会影响大
	稳定性强	可塑性强
	表现较早	表现较晚
	无所谓好坏	有优劣之分
联系	①气质影响性格的形成和表现，在性格特征形成的快慢速度和表现方面，无不明显地带着各自气质类型的特点。②性格对气质也产生一定的影响，它在一定程度上掩盖和影响着气质，甚至渐渐影响一个人某方面气质特征的改变	

知识点3　性格的结构

结构	含义	举例
态度特征	个体对社会、集体、他人、工作、学习、自己的态度特征，在人的性格结构中处于核心地位	谦虚或自负、粗心或细心、创造或墨守成规

续表

结构	含义	举例
意志特征	人自觉调节自己行为方面的性格特征	果断、勇敢
情绪特征	人受情绪影响的程度和情绪受意志控制的程度	热情或低沉，乐观或悲观
理智特征	人的认识活动方面的特点	主动感知或被动感知，习惯于看到细节还是看到轮廓等

知识点4 幼儿性格的年龄特点 【多选】

特点
- 活泼好动
- 好奇好问
- 喜欢交往
- 独立性不断发展
- 易受暗示，模仿性强
- 坚持性随年龄增长不断提高
- 易冲动，自制力差，同时自制力不断发展

第四节 学前儿童能力的发展

知识点1 能力的概念

能力是指人们成功地完成某种活动所必需的个性心理特征。

知识点2 能力的类型

类型
- 一般能力（以思维能力为核心）和特殊能力
- 模仿能力和创造能力
- 认识能力、操作能力和社交能力

知识点3　学前儿童能力发展的一般趋势

一般趋势
- 智力发展迅速
- 特殊能力有所表现
- 模仿能力发展较快
- 创造能力开始萌芽
- 认识能力发展，并出现有意性
- 操作能力发展最早
- 社交能力逐渐显现
- 身体运动能力不断发展
- 语言能力发展迅速

知识点4　多元智能理论　【单选、填空】

1. 多元智能理论的本质

加德纳的智力理论提出，人是具有多种能力的个体，人的多种智力都与具体的认知领域或知识范畴紧密相关且独立存在。

2. 多元智能的结构

智力维度	界定	典型人群
言语—语言智力	听、说、读、写的能力	记者、编辑、作家、演讲家
音乐—节奏智力	感受、辨别、记忆、改变和表达音乐的能力	作曲家、指挥家、歌唱家
逻辑—数理智力	运算和推理的能力	侦探、律师、科学家和数学家
视觉—空间智力	感受、辨别、记忆、改变物体的空间关系并借此表达思想和情感的能力	画家、雕刻家、建筑师
身体—动觉智力	运用四肢和躯干的能力	运动员、舞蹈家、外科医生
自知—自省智力	认识、洞察和反省自身的能力	哲学家、小说家、律师

续表

智力维度	界定	典型人群
交往—交流智力	与人相处和交往的能力	教师、律师、推销员
自然观察智力	对自然现象敏感，喜欢探索大自然，善于对自然现象观察、分类和鉴别，乐于种植、饲养等的能力	探险家、考古工作者、农业工作人员

3. 多元智能理论的基本观点

基本观点
- 每位个体同时拥有相对独立的八种智力
- 每位个体的智力都呈现出独特的表现方式
- 智力发展的核心是提高个体解决实际问题的能力
- 环境与教育会影响和制约个体智力的发展方向和程度
- 重视从多维度看待个体的智力问题

第五节 学前儿童自我意识的发展

知识点1 自我意识的概念

自我意识是人对自己身心状态及对自己同客观世界的关系的意识。

知识点2 自我意识的结构

结构
- 自我认识（自我意识的主要成分，也是自我调节控制的心理基础）
- 自我体验（自尊心、自信心是自我体验的主体内容）
- 自我调节（自我意识的意志成分）

知识点3 学前儿童自我意识产生和发展的阶段

阶段	具体表现
自我感觉的发展（1岁前）	不能把自己作为一个主体同周围的客体区别开

续表

阶段	具体表现
自我认识的发展（1~2岁）	把自己作为一个独立的个体来看待
自我意识的萌芽（2~3岁）	①自我意识的真正出现是和儿童言语的发展相联系的。②儿童在2~3岁的时候，掌握代名词"我"，是儿童自我意识萌芽的最重要标志
自我意识各方面的发展（3岁以后）	自我评价、自我体验、自我控制等方面逐渐发展

> **学霸点睛**
>
> 点红实验是研究儿童的自我意识水平的实验。实验开始，在儿童鼻子上涂一个红点，观察其照镜子时的反应。如果儿童能发现自己鼻子上的红点，并用手去摸它，表明已能区分自己的形象和加在自己形象上的东西，这种行为可作为自我认识出现的标志。

知识点4　幼儿自我意识发展的特点　【单选、简答】

	特点	点拨
自我评价	①依从性→独立性； ②个别方面→多方面； ③外部行为→内心品质； ④主观情绪性→初步客观； ⑤只有评价没有依据→有依据	一（依）只格（个）外（外部行为）美丽的猪（主）
自我体验	①初步的内心体验→较强烈的内心体验； ②受暗示性的体验→独立的体验	一堵（独）墙（强）

续表

	特点	点拨
自我控制	①受他人控制→自己控制； ②不会自我控制→使用控制策略； ③受父母控制特征的影响	他人，策略，父母

学霸点睛

美国斯坦福大学心理学教授沃尔特·米歇尔用"延迟满足"的实验来研究幼儿的自我控制。实验表明，随着幼儿年龄的增长，他们逐渐学会使用简单的控制策略进行自我控制。

要点回顾

1. 埃里克森的人格发展阶段理论。
2. 传统的体液说关于气质的分类。
3. 学前儿童气质发展的特点。
4. 学前儿童气质的培养及教育适宜性措施。
5. 幼儿性格的年龄特点。
6. 学前儿童能力发展的一般趋势。
7. 加德纳的多元智能理论。
8. 幼儿自我评价发展的特点。

第七章　学前儿童社会性的发展

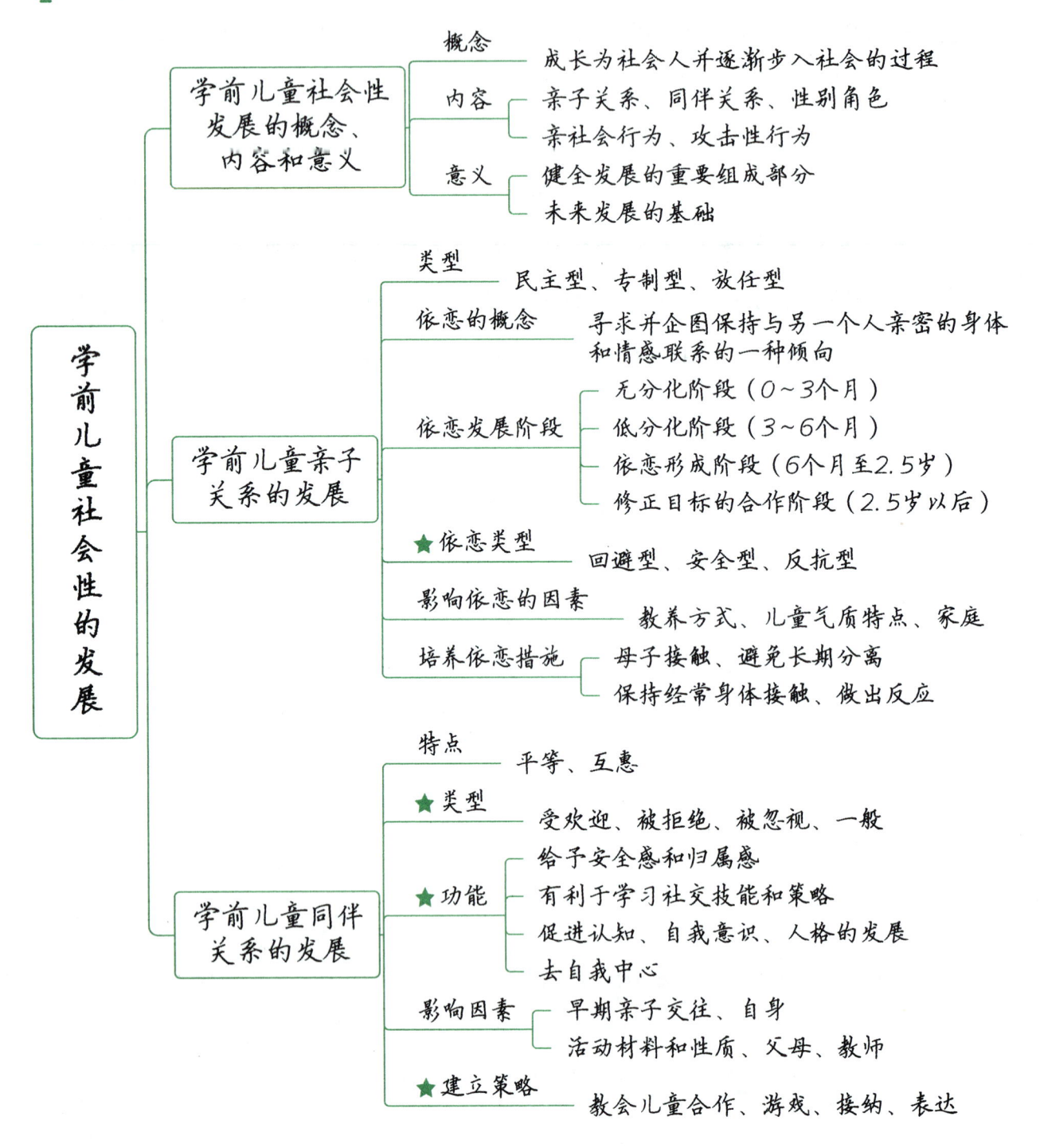

思维导图

- 学前儿童社会性的发展
  - 学前儿童社会性发展的概念、内容和意义
    - 概念：成长为社会人并逐渐步入社会的过程
    - 内容
      - 亲子关系、同伴关系、性别角色
      - 亲社会行为、攻击性行为
    - 意义
      - 健全发展的重要组成部分
      - 未来发展的基础
  - 学前儿童亲子关系的发展
    - 类型：民主型、专制型、放任型
    - 依恋的概念：寻求并企图保持与另一个人亲密的身体和情感联系的一种倾向
    - 依恋发展阶段
      - 无分化阶段（0~3个月）
      - 低分化阶段（3~6个月）
      - 依恋形成阶段（6个月至2.5岁）
      - 修正目标的合作阶段（2.5岁以后）
    - ★依恋类型：回避型、安全型、反抗型
    - 影响依恋的因素：教养方式、儿童气质特点、家庭
    - 培养依恋措施
      - 母子接触、避免长期分离
      - 保持经常身体接触、做出反应
  - 学前儿童同伴关系的发展
    - 特点：平等、互惠
    - ★类型：受欢迎、被拒绝、被忽视、一般
    - ★功能
      - 给予安全感和归属感
      - 有利于学习社交技能和策略
      - 促进认知、自我意识、人格的发展
      - 去自我中心
    - 影响因素
      - 早期亲子交往、自身
      - 活动材料和性质、父母、教师
    - ★建立策略：教会儿童合作、游戏、接纳、表达

学前儿童社会性的发展

- **学前儿童性别角色的发展**
  - 性别概念的获得
    - 性别认同（1.5~2岁）
    - 性别稳定性（3~4岁）
    - 性别恒常性（6、7岁）
  - ★性别角色认知的发展阶段与特点
    - 知道自己的性别（2~3岁）
    - 自我中心地认识（3~4岁）
    - 刻板地认识（5~7岁）
  - 性别行为发展的阶段与特点
    - 产生（2岁左右）
    - 发展（3~6、7岁）
  - 影响性别角色行为的因素
    - 生物因素、父母
    - 大众媒体、教学、游戏

- **学前儿童亲社会行为的发展**
  - 概念 —— 积极的社会行为
  - 发展阶段和特点 —— 萌芽（2岁左右）
  - ★影响因素 —— 社会生活环境、家庭、同伴、移情
  - 发展特点（幼儿期）
    - 不存在性别差异、主要指向同伴
    - 指向同性和异性伙伴次数存在年龄差异
    - 合作行为最为常见
  - 培养 —— 移情训练、角色扮演、榜样示范等

- **学前儿童攻击性行为的发展**
  - 概念和分类
    - 概念 —— 伤害他人或他物为目的
    - 分类 —— 工具性攻击、敌意性攻击
  - ★特点（幼儿期）
    - 频繁、更多身体上的攻击
    - 工具性→敌意性、性别差异
  - ★影响因素 —— 惩罚、榜样、强化、挫折
  - 控制和减少方法
    - 控制环境、纠正教育方法
    - 提高自控能力、提高移情能力
    - 合理宣泄、表扬和奖励亲社会行为

知识梳理

第一节 学前儿童社会性发展的概念、内容和意义

知识点1 社会性发展的概念

社会性是作为社会成员的个体，为适应社会生活所表现出的心理和行为特征。

社会性发展（有时也称幼儿的社会化）是指幼儿从一个生物个体到逐渐掌握社会的道德行为规范与社会行为技能，成长为一个社会人并逐渐步入社会的过程。

知识点2 学前儿童社会性发展的内容

学前儿童社会性发展的主要内容有：亲子关系、同伴关系、性别角色、亲社会行为、攻击性行为。

亲子关系和同伴关系既是学前儿童社会性发展的重要内容（人际关系），又是影响学前儿童社会性发展的重要因素；性别角色是作为一个有特定性别的人在社会中适当行为的总和，是社会性发展的主要方面；而亲社会行为和攻击性行为则属于幼儿道德发展的范畴。

知识点3 学前儿童社会性发展的意义

意义 {
①幼儿健全发展的重要组成部分，促进学前儿童社会性发展已经成为现代教育最重要的目标
②幼儿期是学前儿童社会性发展的重要时期，是幼儿未来发展的重要基础
}

第二节 学前儿童亲子关系的发展

知识点1 亲子关系的概念

亲子关系，也叫作亲子交往，是指父母与子女的关系，也可以包含隔代亲人的关系。狭义的亲子关系是指幼儿早期与父母的情感联系，即依恋。亲子关系是儿童早期生活中最主要的社会关系，对于儿童个性的发展具有不可替代的作用。

知识点2　亲子关系的类型　【单选】

类型	父母态度	对儿童的影响
民主型	①慈祥、诚恳，善于交流，支持正当要求，尊重孩子；②对孩子有一定的控制，常提出明确而又合理的要求	孩子的独立性、主动性、自我控制、自信心、探索性等方面发展较好（民主型的亲子关系最有益于幼儿个性的良好发展）
专制型	①过多地干预和禁止；②态度简单、粗暴；③不尊重、不支持	①或是变得顺从、缺乏生气，创造性受到压抑，无主动性、情绪不安，甚至带有神经质，不喜欢与同伴交往，忧虑、退缩、怀疑；②或是变得自我中心和胆大妄为，在家长面前和背后言行不一
放任型	①或是充满关爱与期望，过度关怀、百依百顺、溺爱娇惯；②或是消极的不关心、不信任，任其自然发展	①好吃懒做，生活不能自理，胆小怯懦、蛮横胡闹、自私自利、没有礼貌、清高孤傲、自命不凡、害怕困难、意志薄弱、缺乏独立性；②也可能使孩子发展自主、独立、创造性强等性格特点

知识点3　依恋的概念　【判断、填空】

依恋是婴儿寻求并企图保持与另一个人亲密的身体和情感联系的一种倾向。

知识点4　依恋发展的阶段

阶段
- 第一阶段：无分化阶段（0～3个月）（无差别社会反应的阶段）
- 第二阶段：低分化阶段（3～6个月）（有差别社会反应的阶段）
- 第三阶段：依恋形成阶段（6个月至2.5岁）（特殊情感联结阶段）
- 第四阶段：修正目标的合作阶段（2.5岁以后）（目标调整的伙伴关系阶段）

知识点5　依恋的类型　【单选】

美国心理学家安斯沃斯及其同事运用陌生情境实验研究儿童的依恋。观察发现，不同儿童对陌生情境的反应有明显的差异。根据儿童和依恋对象的关系密切程度、交往质量不同，儿童的依恋存在不同的类型。

类型	母亲在时	母亲离开	母亲回来
回避型	无所谓	无所谓	无所谓
安全型	积极探索	苦恼不安	愉快投入母亲怀抱
反抗型	时刻警惕	极度反抗	矛盾挣扎

知识点6　影响依恋的因素

因素
- 教养方式
- 儿童的气质特点
- 家庭的因素
  - 儿童的生存条件
  - 孩子受重视的程度
  - 家庭的氛围

知识点7　培养幼儿形成良好依恋的措施　【案例分析】

（1）注意"母性敏感期"期间的母子接触；

（2）尽量避免父母与孩子的长期分离；

（3）父母与孩子之间要保持经常的身体接触；

（4）父母对孩子所发出的信号要敏感地做出反应。

第三节　学前儿童同伴关系的发展

知识点1　同伴关系的概念和特点

同伴关系是指儿童与其他孩子之间的关系，是年龄相同或相近的儿童之间的一种共同活动并相互协作的关系。同伴关系具有平等、互惠的特点。

知识点2　同伴关系的类型　【多选、填空、简答】

庞丽娟采用"同伴现场提名法"，通过同伴对儿童的提名情况，了解某一儿童在同伴社交中的地位。实验中逐个向每一幼儿提问:"你最喜欢班上哪三个小朋友?"(正提名)和"你最不喜欢班上哪三个小朋友?"(负提名),详细记录幼儿的提名情况。根据提名结果将幼儿划分为不同的社交类型。

类型	特点
受欢迎型	喜欢与人交往,主动积极并表现较好,被大多数同伴所接纳、喜欢
被拒绝型	交往活跃,但常做出不友好的、攻击性的举动
被忽视型	不喜欢交往,常一个人玩,在群体交往中显得退缩、害羞、不起眼,常常被冷落
一般型	表现一般,既不主动、友好,也不消极、敌对,既不为同伴特别喜爱,也不令人讨厌

知识点3 学前儿童同伴关系的功能 【简答】

功能
- 给予安全感和归属感
- 有利于儿童学习社交技能和策略,促进其社会性行为向积极、友好的方向发展
- 促进学前儿童认知能力的发展
- 有助于儿童自我意识和人格的发展
- 可以帮助儿童去自我中心

知识点4 影响幼儿同伴关系发展的因素 【简答】

影响因素
- 早期亲子交往的经验
- 幼儿自身的特征
- 活动材料和活动性质
- 父母的鼓励
- 教师的影响

知识点5 帮助儿童建立良好同伴关系的策略 【简答】

策略 {
- 教会儿童合作，增强自信感
- 教会儿童游戏，提高参与度 ——→ 表姐（接）作戏。
- 教会儿童接纳，融洽同伴关系
- 教会儿童表达，培养积极情感
}

第四节 学前儿童性别角色的发展

知识点1 性别角色的概念

性别角色是被社会认可的男性和女性在社会上的一种地位，也是社会对男性和女性在行为方式和态度上期望的总称。

知识点2 性别概念的获得 【单选】

性别概念是指儿童对自己及他人的性别的认识和认识的稳定性。根据现有的研究，学者们普遍认为儿童的性别概念主要包括三种成分：性别认同、性别稳定性和性别恒常性。

	性别认同	性别稳定性	性别恒常性
含义	对自己和他人的性别的正确认识（1.5~2岁）	对自己的性别不随其年龄、情境等的变化而改变这一特征的认识（3~4岁）	对人的性别不因为其外表和活动的变化而改变的认识（6、7岁）

知识点3 学前儿童性别角色认知的发展阶段与特点 【单选】

年龄	特点	举例
2~3岁	知道自己的性别，并初步掌握性别角色知识	能准确说出自己的性别，知道女孩要玩娃娃，男孩要玩汽车
3~4岁	自我中心地认识性别角色（接受行为偏差）	认为男孩穿裙子也很好

年龄	特点	举例
5~7岁	刻板地认识性别角色（不接受行为偏差）	一个男孩玩娃娃会遭到同性别孩子的反对

知识点4　学前儿童性别行为发展的阶段与特点

发展阶段与特点
- 性别行为的产生（2岁左右）
- 性别行为的发展（3~6、7岁）
  - 游戏活动兴趣方面的差异
  - 选择同伴和同伴相互作用方面的差异
  - 个性和社会性方面的差异

知识点5　影响幼儿性别角色行为的因素　【简答】

影响因素
- 生物因素
- 父母的行为起着引导、被模仿和强化的作用 →生父大方（仿）教。
- 大众媒体的强化
- 教学环境
- 模仿与扮演游戏

第五节　学前儿童亲社会行为的发展

知识点1　亲社会行为的概念　【单选】

亲社会行为又称为积极的社会行为，指一个人帮助或打算帮助他人，做有益于他人的事的行为和倾向。亲社会行为的发展是幼儿道德发展的核心问题。移情是亲社会行为产生的基础。

知识点2　学前儿童亲社会行为发展的阶段和特点　【单选】

阶段和特点
- 亲社会行为的萌芽（2岁左右）
- 各种亲社会行为迅速发展，并出现明显个别差异（3~6、7岁）
  - ①合作行为发展迅速
  - ②分享行为受物品的特点、数量、分享的对象的不同而变化
  - ③出现明显的个性差异

知识拓展

学前儿童分享行为的发展特点

特点
① "均分"观念占主导地位
② 分享水平受分享物品数量的影响
③ 当物品在人手一份之外有多余的时候，儿童倾向于将多余的那份分给需要的儿童，非需要的儿童则不被重视
④ 当分享对象不同时，儿童的分享反应也不同
⑤ 对食物均分反应高，慷慨反应少；而对玩具，儿童慷慨反应稍多

知识点3 影响儿童亲社会行为发展的因素 【单选】

> 挺（庭）会同情

影响因素
- 社会生活环境
- 儿童日常的生活环境
  - 家庭的影响
  - 同伴相互作用
- 移情（最根本、最内在的因素）

知识拓展

1. 移情的概念

移情是指从他人的角度来考虑问题。

2. 移情的作用

作用
- 可以使儿童摆脱自我中心，产生利他思想，从而导致亲社会行为
- 引起儿童的情感共鸣，产生同情心和羞愧感

3. 移情能力发展的特点

特点
- 对别人心理状态的理解从简单到复杂
- 从需要明显的外部线索到能理解隐蔽线索
- 儿童移情能力的水平是随儿童完成任务难度而变化
- 移情能力发展的关键期可能在4~6岁

知识点4 幼儿期亲社会性行为的发展特点 【单选】

发展特点
① 发展不存在性别差异
② 主要是指向同伴，极少数指向教师
③ 指向同性伙伴和异性伙伴的次数存在年龄差异
④ 合作行为最为常见，其次为分享行为和助人行为，安慰行为和公德行为较少发生

知识点5 儿童亲社会行为的培养

（1）移情训练；（2）角色扮演法；（3）榜样示范法；（4）善用精神奖励。

第六节 学前儿童攻击性行为的发展

知识点1 攻击性行为的概念及分类 【单选】

1. 概念

攻击性行为是一种以伤害他人或他物为目的的行为，是一种不受欢迎但却经常发生的行为。攻击性行为最大的特点是其目的性。

2. 分类

类型	含义	举例
工具性攻击	为了获得某个物品所做出的抢夺、推搡等动作	小红很喜欢小兰的铅笔盒，为了拿走小兰的铅笔盒便打了小兰
敌意性攻击	以人为指向目标，目的在于打击、伤害他人	安安因为看别人不顺眼而打人

知识点2 幼儿期攻击性行为的特点 【简答】

特点
① 攻击性行为频繁，主要表现为为了玩具和其他物品而争吵、打架，行为更多是直接争夺或破坏玩具和物品
② 更多依靠身体上的攻击，而不是言语的攻击
③ 从工具性攻击向敌意性攻击转化
④ 攻击性行为有着明显的性别差异，幼儿园男孩比女孩更多地怂恿和卷入攻击性事件

知识点3　儿童攻击性行为的影响因素　【单选、简答】

影响因素
- 父母的惩罚
- 大众传播媒介（榜样） → 挫样逞（惩）强。
- 强化
- 挫折（**直接原因**）

知识点4　控制和减少儿童攻击性行为的方法　【简答】

方法
- 创设良好环境，控制环境和传媒的影响
- 改善亲子关系，纠正家长不正确的教育方法 → 环空（控）宣扬认亲。
- 提高儿童的自控能力和交往技能，帮助儿童掌握解决社会性冲突的技能
- 提高儿童的社会认知水平和移情能力
- 引导儿童掌握合理的心理宣泄方法
- 及时表扬和奖励儿童亲社会行为

要点回顾

1. 亲子关系的类型。
2. 依恋的类型。
3. 培养幼儿形成良好依恋的措施。
4. 同伴关系的类型。
5. 学前儿童同伴关系的功能。
6. 影响幼儿同伴关系发展的因素。
7. 帮助儿童建立良好同伴关系的策略。
8. 学前儿童性别角色认知的发展阶段与特点。
9. 影响幼儿性别角色行为的因素。
10. 影响儿童亲社会行为发展的因素。
11. 幼儿期亲社会行为的发展特点。
12. 儿童亲社会行为的培养措施。
13. 幼儿期攻击性行为的特点。
14. 儿童攻击性行为的影响因素。
15. 控制和减少儿童攻击性行为的方法。

第三部分 幼儿教育心理学

第一章 幼儿教育心理学概述

思维导图

- 幼儿教育心理学概述
  - 学科性质、任务和研究内容
    - 学科性质：理论性学科，应用性较强的学科
    - 任务
      - 揭示幼儿学习特点与有效教学的规律
      - 形成有中国特色的幼儿教育心理学理论
      - 科学指导幼儿园教师的教学实践
    - 研究内容
      - 幼儿学习者
      - 幼儿教育者
      - 环境与教学
  - 幼儿教育心理学的发展历程
    - 萌芽期：卢梭、福禄贝尔、蒙台梭利
    - 初创期
      - 直接教学方案
      - 认知主义教育方案
      - 建构主义教育方案
    - 发展期
      - 对早期教育价值的新认识
      - 对幼儿学习特点的新发现

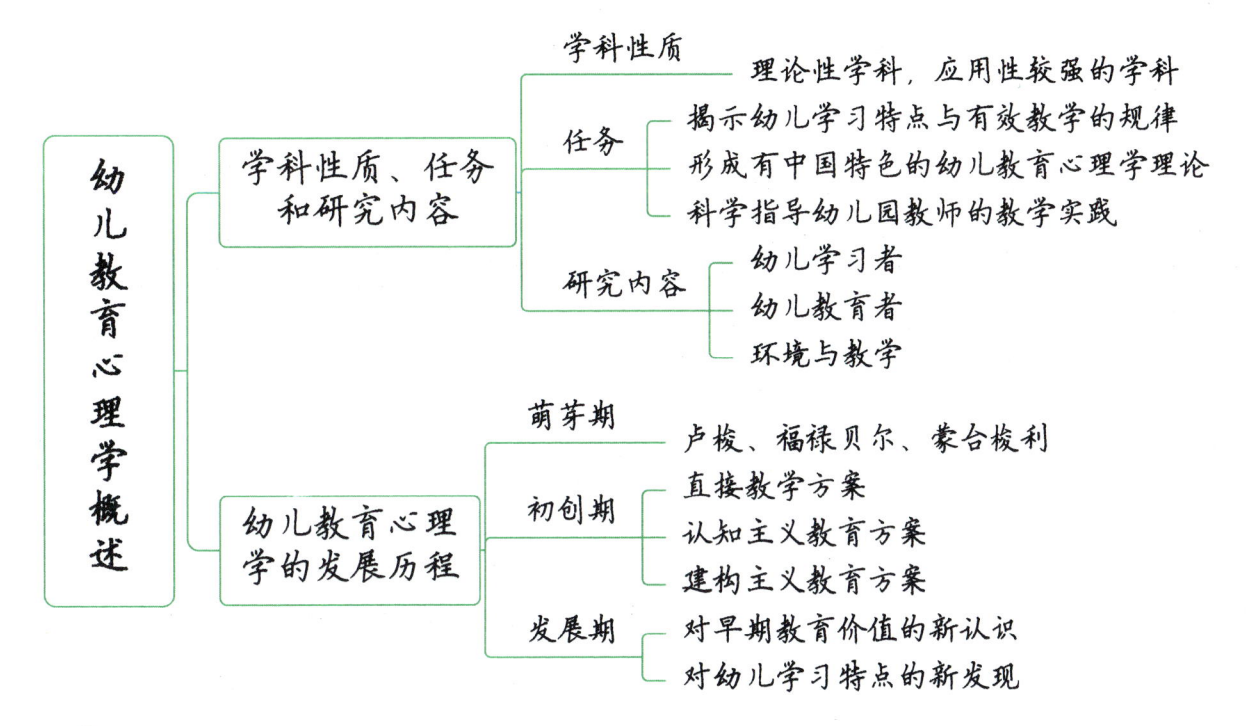

知识梳理

第一节 幼儿教育心理学的学科性质、任务和研究内容

西方第一本以"教育心理学"命名的专著是1903年美国心理学家桑代克出版的《教育心理学》。这一著作标志着教育心理学作为独立的学科而产生，奠定了教育心理学发展的基础。

知识点1 幼儿教育心理学的学科性质

幼儿教育心理学既是一门理论性学科，又是一门应用性较强的学科。它是一门独立学科。

知识点2　幼儿教育心理学的任务

任务 {
- 揭示幼儿学习特点与有效教学的规律
- 形成有中国特色的幼儿教育心理学理论
- 科学指导幼儿园教师的教学实践
}

知识点3　幼儿教育心理学的研究内容

研究内容 {
- 幼儿学习者
- 幼儿教育者
- 环境与教学
}

第二节　幼儿教育心理学的发展历程

发展历程	萌芽期：18世纪至20世纪四五十年代	初创期：20世纪60年代至80年代	发展期：20世纪80年代至今
代表人物	法国的卢梭、德国的福禄贝尔、意大利的蒙台梭利	贝雷特和英格曼、皮亚杰	——
思想理论	①卢梭关于婴幼儿心理发展与教育的论述可以看作是最早的幼儿教育心理学思想；②福禄贝尔是研究幼儿游戏心理的先驱者之一；③蒙台梭利以幼儿的感知觉发展为基础，设计了一系列学具与教具，作为教学手段，对幼儿进行系统的教育，被后人称之为"蒙台梭利教学法"	①直接教学方案；②认知主义教育方案；③建构主义教育方案	①对早期教育价值的新认识。②对幼儿学习特点的新发现

知识拓展

对幼儿学习特点的新发现

1. 幼儿是什么样的学习者

幼儿是主动的学习者，他们从直接接触的客体、社会经验以及文化传承中，主动建构对周围世界的认识。

2. 幼儿学习的方式

游戏是幼儿学习及发展情绪、认知与社会能力的重要方式。游戏使幼儿有机会了解世界，在游戏中与人互动、表达与控制情绪、发展想象力。

3. 幼儿学习的条件

幼儿的心理是敏感而脆弱的，只有身体需要得到满足，心理有安全感的条件下，幼儿才会有认知探究活动。因此，要为幼儿创设健康、安全的物质与心理环境，教师要与幼儿建立良好的"师生关系"。

4. 幼儿学习的环境

幼儿教育应该以幼儿的游戏与自由活动为主，应尽可能地给予幼儿动手操作、直接观察和模仿的机会，让他们获得亲身的经历和体会，用自己的语言、操作表达自己的思想感情。

5. 幼儿学习的个体差异

幼儿的学习存在个体差异，不同的幼儿有不同的认知与学习方式。

要点回顾

1. 幼儿教育心理学的任务。
2. 幼儿教育心理学的研究内容。

第二章 幼儿学习理论

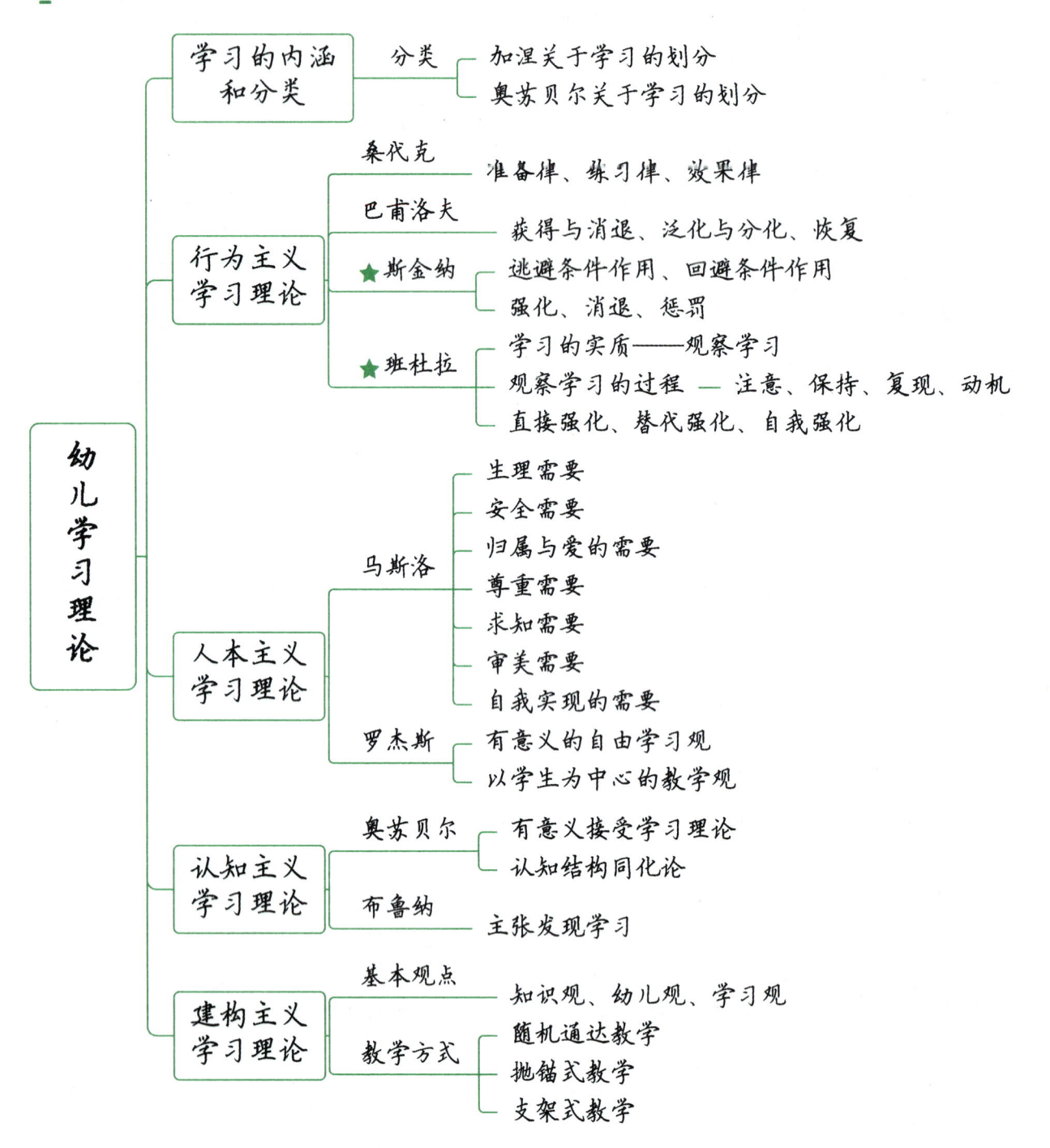

思维导图

- **幼儿学习理论**
  - **学习的内涵和分类**
    - 分类
      - 加涅关于学习的划分
      - 奥苏贝尔关于学习的划分
  - **行为主义学习理论**
    - 桑代克
      - 准备律、练习律、效果律
    - 巴甫洛夫
      - 获得与消退、泛化与分化、恢复
    - ★斯金纳
      - 逃避条件作用、回避条件作用
      - 强化、消退、惩罚
    - ★班杜拉
      - 学习的实质——观察学习
      - 观察学习的过程——注意、保持、复现、动机
      - 直接强化、替代强化、自我强化
  - **人本主义学习理论**
    - 马斯洛
      - 生理需要
      - 安全需要
      - 归属与爱的需要
      - 尊重需要
      - 求知需要
      - 审美需要
      - 自我实现的需要
    - 罗杰斯
      - 有意义的自由学习观
      - 以学生为中心的教学观
  - **认知主义学习理论**
    - 奥苏贝尔
      - 有意义接受学习理论
      - 认知结构同化论
    - 布鲁纳
      - 主张发现学习
  - **建构主义学习理论**
    - 基本观点
      - 知识观、幼儿观、学习观
    - 教学方式
      - 随机通达教学
      - 抛锚式教学
      - 支架式教学

知识梳理

第一节 学习的内涵和分类

知识点1 学习的内涵

学习是个体在特定情境下由于练习或反复经验而产生的行为或行为潜能的相对持久的变化。

> **学霸点睛**
>
> 关于学习概念的解释：
>
> （1）个体：人、动物、机器均会发生学习。
>
> （2）练习或反复经验：本能、药物、自然成熟、受伤、疲劳均不属于学习。
>
> （3）行为或行为潜能：外显行为或内在的改变均属于学习，例如行为、认知、情感等。
>
> （4）相对持久：短暂的变化不属于学习。
>
> （5）变化：无变化或机械重复不属于学习。

知识点2 学习的分类

1. 加涅关于学习的划分

（1）学习水平分类

根据学习情境由简单到复杂、学习水平由低到高的顺序，加涅把学习分为八类，建构了一个完整的学习层级结构。

类型	含义	典例
信号学习	学习对某种信号做出某种反应，其过程为：刺激—强化—反应	人看到红灯（信号）就会止步

续表

类型	含义	典例
刺激—反应学习	学会对某一情境中的刺激做出某种反应，以获得某种结果。其过程是：情境—反应—强化	儿童在课堂上由于正确回答问题而得到表扬，多次以后变得爱在课堂上回答问题
连锁学习	形成一系列刺激—反应动作联结	儿童学习打篮球，学会了一系列的接球、躲闪动作
言语联结学习	形成一系列的言语单位的联结	造句，将单词组成合乎语法规则的句子
辨别学习	学会识别多种刺激的异同并对之做出不同的反应	对相似的、易混淆的单词分别作出正确的反应
概念学习	对刺激进行分类时，学会对一类刺激做出同样的反应	儿童将"狗""猪""牛"等概括为"动物"
规则或原理学习	学习两个或两个以上概念之间的关系	各种规律、定理的学习
解决问题学习（高级规则的学习）	使用所学原理或规则去解决问题	根据已知条件证明三角形的度数

（2）学习结果分类

加涅根据学习结果，将学习分为以下五种类型。

类型	含义	典例
智慧技能	运用符号或概念与环境交互作用的能力	把分数转换为小数
认知策略	调控自己的注意、学习、记忆和思维等内部心理过程的技能	画出组织结构图
言语信息	有关事物的名称、时间、地点、定义以及特征等方面的事实性信息	北京是中国的首都

续表

类型	含义	典例
动作技能	通过身体动作的质量的不断改善而形成的整体动作模式	进行"8"字形溜冰
态度	影响个人对人、事、物采取行动的内部状态	做出听古典音乐的行为选择

2. 奥苏贝尔关于学习的划分

分类依据	类型	含义
学生学习的方式	接受学习	学习者所学习的材料主要是以定性的结论形成的，由教师传授给学习者
	发现学习	学习者通过自己的探索去发现知识
学习内容与学习者认知结构的关系	有意义学习	新旧知识建立联系，即理解知识
	机械学习	新旧知识没有建立联系，即不理解知识

第二节 行为主义学习理论

知识点1 桑代克的联结—试误学习理论 【多选】

实验	饿猫打开迷箱实验
观点	①学习是一种渐进的、盲目的、尝试错误的过程；②学习的过程是刺激与反应之间建立联结的过程
基本规律	①准备律：在有准备的状态下进行学习。（预习） 例：考试不突袭，给足准备时间。 ②练习律：在学习过程中，应加强合理的练习。（做题） 例：熟能生巧、业精于勤。 ③效果律：学习后获得正或负的反馈。（反馈） 例：取得好的成绩后，教师和家长会给予学生表扬和鼓励

知识点2 巴甫洛夫的经典性条件作用理论

实验	经典条件反射实验（狗进食的摇铃实验）。 条件反射的建立： ①建立前：狗吃食物（无条件刺激）→分泌唾液（无条件反射）。 ②建立中：狗吃食物（无条件刺激）+铃声（中性刺激）→分泌唾液（无条件反射）。 ③建立后：铃声（条件刺激）→分泌唾液（条件反射）	
主要规律	获得与消退	①获得：条件反射建立的过程。 ②消退：条件反射减弱或消失
	泛化与分化	①泛化：相似刺激，相同反应。 例：一朝被蛇咬，十年怕井绳。 ②分化：相似刺激，不同反应。 例：能够分清楚"勇敢"和"鲁莽"、"谦让"和"退缩"
	恢复	条件反射恢复的过程

知识点3 斯金纳的操作性条件作用理论 【单选】

1. 实验：斯金纳箱实验（迷箱实验）。

2. 观点：学习实质上是一种反应概率上的变化，而强化是增强反应概率的手段。

3. 行为的分类：

类型	含义	举例
应答性行为	由特定刺激引起的，是不随意的反射性反应	用针刺一下手，手就立刻缩回
操作性行为	有机体自发做出的随意反应	上课举手发言

4. 经典性条件作用与操作性条件作用的比较

	经典性条件作用	操作性条件作用
代表人物	巴甫洛夫	斯金纳
行为	无意的	有意的
刺激与行为的关系	刺激在前，行为在后	行为在前，刺激在后
举例	新生儿出生不久后，通过喂奶与音乐的前后出现，多次重复后，婴儿在听到音乐时会加速吮吸	幼儿在集体活动时因大胆发言受到老师表扬而形成了积极发言的好习惯

5. 操作性条件作用的基本规律

（1）强化、惩罚和消退

基本规律		条件	行为发生概率	举例
强化	正强化	给予愉快刺激	增加	乐于助人后给予奖励、表扬
	负强化	撤销厌恶刺激		主动完成作业后撤销禁令
惩罚	正惩罚	施加厌恶刺激	减少	说谎后给予谴责
	负惩罚	撤销愉快刺激		不好好吃饭不让看电视
消退		无任何强化物		哭闹时不予理睬

> **学霸点睛**
>
> 答题时，从以下两方面入手来区分强化和惩罚：
>
> ①判断目的。为了增强反应概率是强化，为了减少反应概率则是惩罚。
>
> ②判断刺激。给予刺激即为正，撤销刺激即为负。

(2) 逃避条件作用和回避条件作用

基本规律	含义
逃避条件作用	厌恶刺激出现时，逃避厌恶刺激。 例：看见路上的垃圾后，绕道走开
回避条件作用	厌恶刺激没有出现，只是信号出现，做出反应，避免厌恶刺激出现。 例：过马路时听到汽车喇叭声后迅速躲避

知识点4　班杜拉的社会学习理论　【单选】

实验	波波玩偶实验	
观点	学习的实质——观察学习	观察学习又称模仿学习、替代性学习，是指个体通过观察他人所表现的行为及其后果而进行的学习
	观察学习的过程	①注意：看到、知觉到榜样的行为。 ②保持：记住榜样的行为。 ③复现：跟着榜样做了一样的行为。 ④动机：做出行为之后受到反馈（强化）
	对强化的重新解释	①直接强化：自己做出某种行为后，被他人直接强化。 例：小明帮助妈妈扫地，妈妈表扬了他。 ②替代强化：看到他人被强化，自己也受到强化。 例：小明拾金不昧被老师表扬了，小红看到后也要拾金不昧。 ③自我强化：自己做出某种行为后，自己强化自己。 例：努力学习了一天后，自己奖励自己一顿大餐

第三节 人本主义学习理论

知识点1 马斯洛的需要层次理论 【单选、判断】

> 李（理）安蜀（属）中（重）求美食（实）。

需要		含义
缺失需要	生理需要	对食物、水分、空气、睡眠、性等的需要
	安全需要	希求受到保护与免遭威胁从而获得安全感的需要
	归属与爱的需要	被他人或群体接纳、爱护、关注、鼓励及支持的需要
	尊重需要	在生理、安全、归属与爱的需要得到基本满足后产生的对自己社会价值追求的需要，包括自尊和受到别人的尊重（他尊）两个方面
成长需要	求知需要	对自身和周围世界的探索、理解及解决疑难问题的需要
	审美需要	对对称、秩序、完整结构以及对行为完美的需要
	自我实现的需要（最高层次）	充分发挥个人潜能、才能的心理需要，也是一种创造和自我价值得到体现的需要

知识点2 罗杰斯的学习理论

1. 有意义的自由学习观

罗杰斯根据学习对学习者的个人意义，将学习分为无意义学习和有意义学习两类。其中，有意义学习是一种与学习者各种经验融合在一起的、使个体全身心地投入其中的学习。

人本主义者倡导有意义的自由学习观，有意义学习关注学习内容与个人之间的关系。它不仅是理解记忆的学习，而且是学习者所做出的一种自主、自觉的学习，要求学习者能够在相当大的范围内自行选择学习材料，自己安排适合自己的学习情境。

2. 以学生为中心的教学观

教师的任务不是教学生知识，也不是教学生如何学习，而是为学生提供各种学习的资源，提供一种促进学习的气氛，让学生自己决定如何学习。

第四节 认知主义学习理论

📖 知识点1 奥苏贝尔的学习理论

理论名称	主要观点
有意义接受学习理论	①意义学习就是新旧知识建立非随意性和非临时性的联系。 ②在课堂上由于时间空间所限，应该更多采用接受学习，但这种接受学习必须成为有意义的学习
认知结构同化论	同化就是学习者利用认知结构中原有的有关知识（概念、命题）理解新知识。认知结构的同化可以表现为三种模式： ①下位学习：所学的新知识相对于原有认知结构为下位关系。 例：掌握了水果的概念后，学习苹果的概念。 ②上位学习：所学的新知识相对于原有认知结构为上位关系。 例：知道了苹果的概念后，学习水果的概念。 ③并列组合学习：新知识相对于原有认知结构既不存在上位关系，又不存在下位关系。 例：掌握了苹果的概念后，学习香蕉的概念

奥苏贝尔认为，学习应该主要通过接受发生，而不是通过发现。发现学习往往浪费时间，一般不宜作为大量获取知识的手段。接受学习绝非被动学习，学习者仍然是主动的，在学习一种新知识时，学生在教师的引导下，尝试运用其既有的知识，从不同的角度去吸收新知识，最后将新知识纳入其认知结构中，成为他自己的知识。

奥苏贝尔认为，不能错误地认为接受学习就必然是机械的，发现学习就是有意义的。无论是接受学习还是发现学习，都可能是机械的，也都可能是有意义的，关键在于学生是否将新知识与认知结构中已有的知识进行了联系。

学霸点睛

奥苏贝尔的有意义学习和罗杰斯的有意义学习

奥苏贝尔的有意义学习	①学习的分类：有意义学习和机械学习。 ②主张：有意义的接受学习。 ③有意义学习的含义：新旧知识之间建立联系。 例：学习者在了解哺乳动物的基本特征后，再对照特征，知道鲸也属于哺乳动物家族中的一员
罗杰斯的有意义学习	①学习的分类：有意义学习和无意义学习。 ②主张：有意义的自由学习。 ③有意义学习的含义：知识和人的经验发生联系。 例：当一个孩子触碰到一个正在工作的取暖器时，他就可以学到"烫"这个字的含义，同时也知道了以后对所有取暖器都要当心

知识点2 布鲁纳的学习理论

发现学习，是布鲁纳主张的学习方式。发现学习是指给学生提供有关的学习材料，让学生通过探索、操作和思考，自行发现知识、理解概念和原理的教学方法。

布鲁纳的发现学习有如下几个特点：

（1）强调幼儿的探索学习过程；

（2）强调直觉思维在发现学习中的价值；

（3）强调学习的内在动机。

第五节 建构主义学习理论

知识点1 建构主义学习理论的基本观点

1. 知识观

（1）知识并不是问题的最终答案，而是随着人类进步而不断改正并随之出现的新的假设和解释；

（2）知识并不能精确地概括世界的法则，而是需要针对具体情境进行再创造。

2. 幼儿观

建构主义学习理论认为，幼儿不是消极、被动、有待教师填充知识的客体，不是装知识的容器，而是有主观能动性的学习者。

幼儿的主体性表现在 { 幼儿在学习中不是一块"白板" / 幼儿是主动的建构者

3. 学习观

建构主义在学习观上强调学习的主动建构性、社会互动性和情境性三方面，认为"情境""协作""会话""意义建构"是学习环境中的四大要素或四大属性。

知识点2 建构主义的教学方式

随机通达教学	①理论基础：认知灵活性理论。 ②含义：对同一内容的学习要在不同的时间多次进行，且每次情境都需要有一定的变化，不能雷同，每次情境应分别着眼于问题的不同侧面
抛锚式教学	①含义：教学要建立在有感染力的真实事件或真实问题的基础上。 ②原则：a.学与教的活动应该围绕"锚"来进行，以激发幼儿主动探究与解决问题；b.课程组织材料应该允许幼儿互动与探索。 注：这里所谓的"锚"指的是支撑课程与教学实施的支撑物，它通常是一个故事、一段历险或者是学生感兴趣的一系列问题情境

续表

支架式教学	①含义：教师为幼儿搭建向上发展的平台，引导教学的进行，使幼儿掌握并内化所学的知识技能，并为下一阶段的进一步发展再构建平台。 ②理论基础：维果斯基的"最近发展区"理论

要点回顾

1. 桑代克提出的三条基本学习规律。
2. 班杜拉的社会学习理论。
3. 马斯洛的需要层次理论。

第三章 幼儿学习心理

思维导图

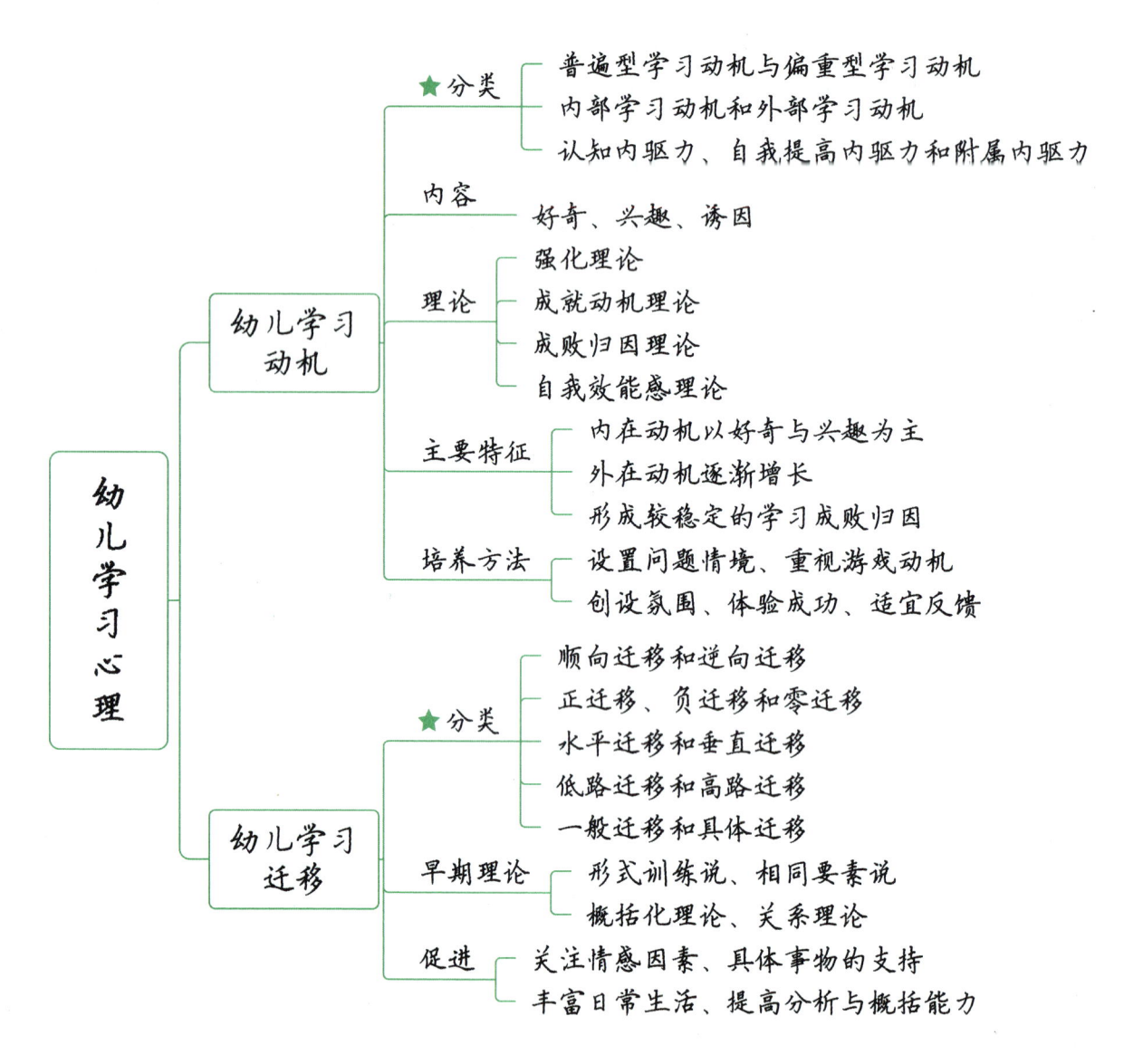

- 幼儿学习心理
  - 幼儿学习动机
    - ★分类
      - 普遍型学习动机与偏重型学习动机
      - 内部学习动机和外部学习动机
      - 认知内驱力、自我提高内驱力和附属内驱力
    - 内容
      - 好奇、兴趣、诱因
    - 理论
      - 强化理论
      - 成就动机理论
      - 成败归因理论
      - 自我效能感理论
    - 主要特征
      - 内在动机以好奇与兴趣为主
      - 外在动机逐渐增长
      - 形成较稳定的学习成败归因
    - 培养方法
      - 设置问题情境、重视游戏动机
      - 创设氛围、体验成功、适宜反馈
  - 幼儿学习迁移
    - ★分类
      - 顺向迁移和逆向迁移
      - 正迁移、负迁移和零迁移
      - 水平迁移和垂直迁移
      - 低路迁移和高路迁移
      - 一般迁移和具体迁移
    - 早期理论
      - 形式训练说、相同要素说
      - 概括化理论、关系理论
    - 促进
      - 关注情感因素、具体事物的支持
      - 丰富日常生活、提高分析与概括能力

知识梳理

第一节 幼儿学习动机

知识点1 幼儿学习动机的概念

幼儿学习动机是指直接推动幼儿进行学习、维持学习，并使该学习活动趋向教师所设定目标的内在心理过程。

知识点2　幼儿学习动机的分类　【单选】

分类依据	类型	含义
学习动机的范围	普遍型学习动机	对各项学习活动均有较强的内在学习动力
	偏重型学习动机	只对某一项或几项领域的学习有较强的动机
学习动机产生的诱因来源	内部学习动机	诱因来自学习者本身的内在因素，即学生因对活动本身发生兴趣而产生的动机
	外部学习动机	诱因来自学习者外部的某种因素，即在学习活动以外由外部的诱因激发出来的学习动机
学校情境中的学业成就动机的不同（奥苏贝尔）	认知内驱力	要求了解、理解和掌握知识以及解决问题的需要
	自我提高内驱力	个体因自己的胜任或工作能力而赢得相应地位的需要
	附属内驱力（儿童早期最突出）	个体为了获得长者们（如家长、教师）的赞许或认可而表现出把工作、学习做好的一种需要

知识点3　幼儿学习动机的内容

（1）好奇；（2）兴趣；（3）诱因。

知识点4　学习动机理论　【单选、多选】

强化理论	①观点：外部强化能维持学习动机。 ②不足：a.只重外部控制难以有效激发、培养幼儿的求知欲；b.将手段目的化不利于幼儿良好人格的形成
成就动机理论	①含义：成就动机是指个体努力克服障碍、施展才能，力求又快又好地解决某一问题的愿望或趋势。 ②成就动机的类型： a.力求成功。选择中等难度的任务，回避极难或极易的任务。 b.避免失败。选择极难或极易的任务，回避中等难度的任务

续表

成败归因理论	①代表人物：韦纳。 ②观点： a. 一个人的学习动机会受到归因的影响。 b. 人们倾向于将活动成败的原因归结为六项因素，即能力、努力程度、工作难度、运气、身心状况、外界环境。 六项因素分别归入三个维度：内部归因和外部归因、稳定性归因和不稳定性归因、可控制归因和不可控制归因
自我效能感理论	①含义：自我效能感是指人对自己能否成功从事某一成就行为的主观判断。 ②代表人物：班杜拉。 ③观点：人的行为受行为的结果因素与先行因素的影响。行为的结果因素是人们通常所说的强化。行为的先行因素就是人在认识到行为与强化之间的依随关系之后产生的对下一步强化的期待

知识扩展

韦纳成败归因理论中的六因素与三维度

因素 \ 维度	稳定性		因素来源（控制点）		可控性	
	稳定	不稳定	内在	外在	可控性	不可控性
能力	√		√			√
努力程度		√	√		√	
工作难度	√			√		√
运气		√		√		√
身心状况		√	√			√
外界环境		√		√		√

知识点5 幼儿学习动机的主要特征

主要特征 { 内在动机以好奇与兴趣为主
外在动机逐渐增长
形成较稳定的学习成败归因

知识点6 培养幼儿学习动机的有效方法 【简答】

（1）设置问题情境，激发幼儿的认知兴趣与求知欲；（2）重视幼儿学习活动中的游戏动机；（3）为幼儿学习创设安全、开放、温馨的氛围；（4）让幼儿体验学习的成功与快乐；（5）运用适宜反馈激发幼儿的学习动机。

第二节 幼儿学习迁移

知识点1 学习迁移的含义

学习迁移也称训练迁移，是指一种学习对另一种学习的影响，或习得的经验对完成其他活动的影响。迁移是学习的一种普遍现象，广泛存在于各种知识、技能、行为规范与态度的学习中，平时所说的"举一反三""触类旁通"等就是典型的迁移形式。

知识点2 学习迁移的分类 【单选】

分类依据	类型	含义
发生的方向	顺向迁移	先前的学习对后来学习的影响
	逆向迁移	后来的学习对先前学习的影响
性质和结果	正迁移	在一种学习中学得的经验对另一种学习起促进作用
	负迁移	在一种学习中学得的经验对另一种学习起阻碍作用
	零迁移	在一种学习中学得的经验对另一种学习不起作用
内容抽象和概括水平	水平迁移	处于同一概括水平的经验之间的相互影响
	垂直迁移	处于不同概括水平的经验之间的相互影响，即具有较高概括水平的上位经验与具有较低概括水平的下位经验之间的相互影响

续表

分类依据	类型	含义
路径	低路迁移	经过充分练习的技能可自动迁移
路径	高路迁移	有意识地将某种情境中学到的抽象知识应用于另一种情境中的迁移
内容	一般迁移（非特殊迁移）	一种学习中所习得的一般原理、原则和态度对另一种具体内容学习的影响
内容	具体迁移（特殊迁移）	一种学习中习得的具体的、特殊的经验直接迁移到另一种学习中去，或经过某种要素的重新组合，迁移到新情境中去

知识点3　早期的迁移理论

理论名称	代表人物	观点
形式训练说（最早）	沃尔夫	迁移是心理官能得到训练而发展的结果，迁移是无条件的、自发的
相同要素说	桑代克	迁移是非常具体的、有条件的，需要有共同的要素
概括化理论	贾德	一个人只要对自己的经验进行了概括，就可以完成从一个情境到另一个情境的迁移
关系理论	苛勒	迁移是学习者突然发现两个学习经验之间关系的结果，是对情境中各种关系的理解和顿悟

知识点4　幼儿学习迁移的促进

（1）关注情感因素对幼儿学习迁移的影响；（2）幼儿学习迁移离不开具体事物的支持；（3）丰富幼儿的日常生活，使其在学习中发生迁移；（4）提高幼儿的分析与概括能力。

要点回顾

1. 幼儿学习动机的主要特征。
2. 培养幼儿学习动机的有效方法。
3. 促进幼儿学习迁移的策略。

第四章 幼儿学习的个别差异与适宜性教学

思维导图

- 幼儿学习的个别差异与适宜性教学
  - 幼儿个别差异的概念和类型
    - 概念：个体之间在稳定的心理特点上的差异
    - ★类型：智力、性格、性别、学习类型差异
  - 针对个别差异的适宜性教学
    - 适宜性
      - 年龄适宜
      - 个别（个体）差异适宜
    - 模式
      - 资源利用模式
      - 补偿模式
      - 治疗模式
      - 个别化教育方案
      - 性向与教学处理交互作用模式

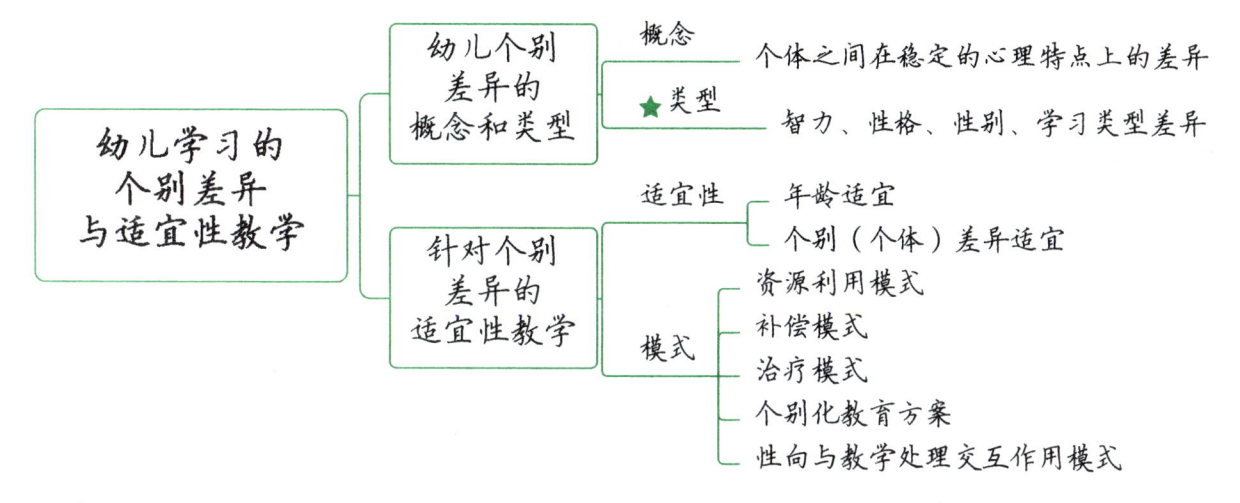

知识梳理

第一节 幼儿个别差异的概念和类型

知识点1 幼儿个别差异的概念

个别差异一般是指个性差异，即个体之间在稳定的心理特点上的差异，包括性格、能力、兴趣等方面的差异。

知识点2 幼儿个别差异的类型 【单选】

类型：
- 幼儿智力差异（最早的智力测验量表是比纳—西蒙量表）
- 幼儿性格差异
  - 性格特征差异
    - 态度特征
    - 意志特征
    - 情绪特征
    - 理智特征
  - 性格类型差异
    - 外向型与内向型
    - 独立型与顺从型
- 幼儿性别差异
- 幼儿学习类型差异

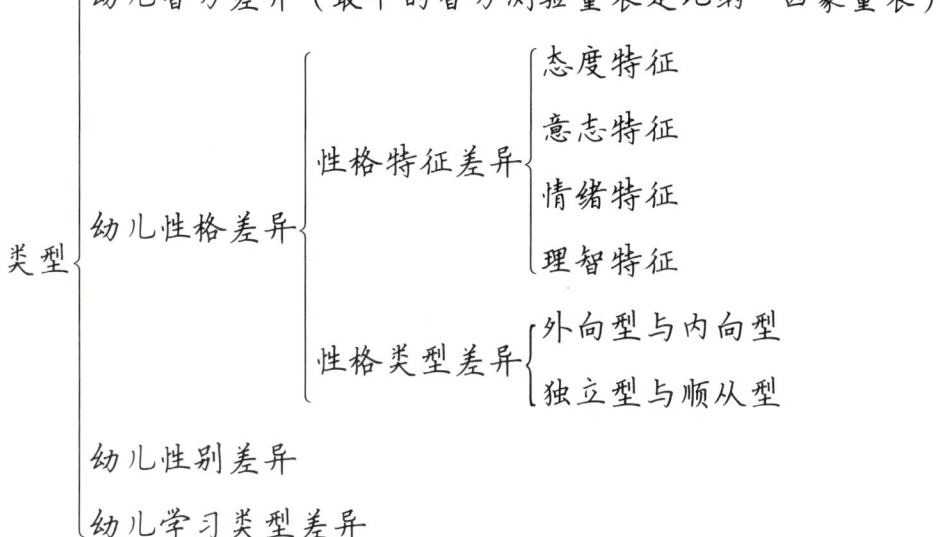

第二节　针对个别差异的适宜性教学

知识点1　适宜性教学

适宜性教学认为幼儿教学包括两方面的适宜：年龄适宜与个别（个体）差异适宜。

知识点2　适宜性教学的模式

教学模式	含义
资源利用模式	在教学中充分利用幼儿的长处和优点，以求人尽其才
补偿模式	幼儿在某一方面会有所不足，可以改由另一方面的强项去补偿
治疗模式	针对幼儿某一方面的能力缺陷，进行有针对性的教育
个别化教育方案	为每个幼儿的发展提供个别化的、适宜的教育方案。它是一种"评价—教学"的过程
性向与教学处理交互作用模式	教学应配合儿童的性向

要点回顾

1. 幼儿个别差异的类型。
2. 适宜性教学的模式。

第四部分　幼儿教育法规与教师职业道德

第一章　幼儿教育法规

思维导图

- 幼儿教育法规
  - 《幼儿园管理条例》（节选）
    - 地方负责、分级管理和各有关部门分工负责
    - 幼儿园登记注册制度
    - 保育和教育相结合的原则
    - 以游戏为基本活动形式
  - ★《幼儿园工作规程》（节选）
    - 幼儿园的任务
    - 幼儿园保育和教育的主要目标
    - 幼儿园的形式
    - 幼儿园每班的人数
    - 幼儿园教育应当贯彻的原则和要求
  - ★《幼儿园教育指导纲要（试行）》（节选）
    - 幼儿园各领域的目标
    - 教育活动内容的选择原则
    - 科学、合理地安排和组织一日生活
  - 《3~6岁儿童学习与发展指南》（节选）
    - 关注幼儿学习与发展的整体性
    - 尊重幼儿发展的个体差异
    - 理解幼儿的学习方式和特点
    - 重视幼儿的学习品质
  - 《幼儿园教师专业标准（试行）》（节选）
    - 师德为先
    - 幼儿为本
    - 能力为重
    - 终身学习
  - 《儿童权利公约》解读
    - 儿童最大利益原则
    - 尊重儿童权利与尊严原则
    - 无歧视原则
    - 尊重儿童观点的原则

知识梳理

第一节 《幼儿园管理条例》(节选)

1989年8月20日经国务院批准,1989年9月11日中华人民共和国国家教育委员会令第4号发布,1990年2月1日起施行。

第一章 总则

第二条 本条例适用于招收三周岁以上学龄前幼儿,对其进行保育和教育的幼儿园。

第六条 幼儿园的管理实行地方负责、分级管理和各有关部门分工负责的原则。

国家教育委员会主管全国的幼儿园管理工作;地方各级人民政府的教育行政部门,主管本行政辖区内的幼儿园管理工作。

第二章 举办幼儿园的基本条件和审批程序

第十条 举办幼儿园的单位或者个人必须具有进行保育、教育以及维修或扩建、改建幼儿园的园舍与设施的经费来源。

第十一条 国家实行幼儿园登记注册制度,未经登记注册,任何单位和个人不得举办幼儿园。

第三章 幼儿园的保育和教育工作

第十三条 幼儿园应当贯彻保育与教育相结合的原则,创设与幼儿的教育和发展相适应的和谐环境,引导幼儿个性的健康发展。幼儿园应当保障幼儿的身体健康,培养幼儿的良好生活、卫生习惯;促进幼儿的智力发展;培养幼儿热爱祖国的情感以及良好的品德行为。

第十六条 幼儿园应当以游戏为基本活动形式。幼儿园可以根据本园的实际,安排和选择教育内容与方法,但不得进行违背幼儿教育规律,有损于幼儿身心健康的活动。

第十七条 严禁体罚和变相体罚幼儿。

第十八条 幼儿园应当建立卫生保健制度，防止发生食物中毒和传染病的流行。

第五章 奖励与处罚

第二十八条 违反本条例，具有下列情形之一的单位或者个人，由教育行政部门对直接责任人员给予警告、罚款的行政处罚，或者由教育行政部门建议有关部门对责任人员给予行政处分：

（一）体罚或变相体罚幼儿的；

（二）使用有毒、有害物质制作教具、玩具的；

（三）克扣、挪用幼儿园经费的；

（四）侵占、破坏幼儿园园舍、设备的；

（五）干扰幼儿园正常工作秩序的；

（六）在幼儿园周围设置有危险、有污染或者影响幼儿园采光的建设和设施的。前款所列情形，情节严重，构成犯罪的，由司法机关依法追究刑事责任。

第二节 《幼儿园工作规程》（节选）

《幼儿园工作规程》已于2015年12月14日第48次部长办公会议审议通过，自2016年3月1日起施行。

第一章 总则

第一条 为了加强幼儿园的科学管理，规范办园行为，提高保育和教育质量，促进幼儿身心健康，依据《中华人民共和国教育法》等法律法规，制定本规程。

第二条 幼儿园是对3周岁以上学龄前幼儿实施保育和教育的机构。幼儿园教育是基础教育的重要组成部分，是学校教育制度的基础阶段。

第三条 幼儿园的任务是：贯彻国家的教育方针，按照保育与教育相结合的原则，遵循幼儿身心发展特点和规律，实施德、智、体、美等方面全面发展的教育，促进幼儿身心和谐发展。

幼儿园同时面向幼儿家长提供科学育儿指导。

第四条 幼儿园适龄幼儿一般为3周岁至6周岁。

幼儿园一般为三年制。

第五条 幼儿园保育和教育的主要目标是：

（一）促进幼儿身体正常发育和机能的协调发展，增强体质，促进心理健康，培养良好的生活习惯、卫生习惯和参加体育活动的兴趣。

（二）发展幼儿智力，培养正确运用感官和运用语言交往的基本能力，增进对环境的认识，培养有益的兴趣和求知欲望，培养初步的动手探究能力。

（三）萌发幼儿爱祖国、爱家乡、爱集体、爱劳动、爱科学的情感，培养诚实、自信、友爱、勇敢、勤学、好问、爱护公物、克服困难、讲礼貌、守纪律等良好的品德行为和习惯，以及活泼开朗的性格。

（四）培养幼儿初步感受美和表现美的情趣和能力。

第七条 幼儿园可分为全日制、半日制、定时制、季节制和寄宿制等。上述形式可分别设置，也可混合设置。

第二章 幼儿入园和编班

第八条 幼儿园每年秋季招生。平时如有缺额，可随时补招。

幼儿园对烈士子女、家中无人照顾的残疾人子女、孤儿、家庭经济困难幼儿、具有接受普通教育能力的残疾儿童等入园，按照国家和地方的有关规定予以照顾。

第十条 幼儿入园前，应当按照卫生部门制定的卫生保健制度进行健康检查，合格者方可入园。

幼儿入园除进行健康检查外，禁止任何形式的考试或测查。

第十一条 幼儿园规模应当有利于幼儿身心健康，便于管理，一般不超过360人。

幼儿园每班幼儿人数一般为：小班（3周岁至4周岁）25人，中班（4周岁至5周岁）30人，大班（5周岁至6周岁）35人，混合班30人。寄宿制幼儿园每班幼儿人数酌减。

幼儿园可以按年龄分别编班，也可以混合编班。

第三章 幼儿园的安全

第十五条 幼儿园教职工必须具有安全意识，掌握基本急救常识和防范、避险、逃生、自救的基本方法，在紧急情况下应当优先保护幼儿的人身安全。

幼儿园应当把安全教育融入一日生活，并定期组织开展多种形式的安全教育和事故预防演练。

幼儿园应当结合幼儿年龄特点和接受能力开展反家庭暴力教育，发现幼儿遭受或者疑似遭受家庭暴力的，应当依法及时向公安机关报案。

第四章 幼儿园的卫生保健

第十八条 幼儿园应当制定合理的幼儿一日生活作息制度。正餐间隔时间为3.5~4小时。在正常情况下，幼儿户外活动时间（包括户外体育活动时间）每天不得少于2小时，寄宿制幼儿园不得少于3小时；高寒、高温地区可酌情增减。

第十九条 幼儿园应当建立幼儿健康检查制度和幼儿健康卡或档案。每年体检一次，每半年测身高、视力一次，每季度量体重一次；注意幼儿口腔卫生，保护幼儿视力。

幼儿园对幼儿健康发展状况定期进行分析、评价，及时向家长反馈结果。

幼儿园应当关注幼儿心理健康，注重满足幼儿的发展需要，保持幼儿积极的情绪状态，让幼儿感受到尊重和接纳。

第二十条 幼儿园应当建立卫生消毒、晨检、午检制度和病儿隔离制度，配合卫生部门做好计划免疫工作。

幼儿园应当建立传染病预防和管理制度，制定突发传染病应急预案，认真做好疾病防控工作。

幼儿园应当建立患病幼儿用药的委托交接制度，未经监护人委托或者同意，幼儿园不得给幼儿用药。幼儿园应当妥善管理药品，保证幼儿用药安全。

幼儿园内禁止吸烟、饮酒。

第二十三条 幼儿园应当积极开展适合幼儿的体育活动，充分利用日光、空气、水等自然因素以及本地自然环境，有计划地锻炼幼儿肌体，增强身体的适应和抵抗能力。正常情况下，每日户外体育活动不得少于1小时。

幼儿园在开展体育活动时，应当对体弱或有残疾的幼儿予以特殊照顾。

第五章 幼儿园的教育

第二十五条 幼儿园教育应当贯彻以下原则和要求：

（一）德、智、体、美等方面的教育应当互相渗透，有机结合。

（二）遵循幼儿身心发展规律，符合幼儿年龄特点，注重个体差异，因人施教，引导幼儿个性健康发展。

（三）面向全体幼儿，热爱幼儿，坚持积极鼓励、启发引导的正面教育。

（四）综合组织健康、语言、社会、科学、艺术各领域的教育内容，渗透于幼儿一日生活的各项活动中，充分发挥各种教育手段的交互作用。

（五）以游戏为基本活动，寓教育于各项活动之中。

（六）创设与教育相适应的良好环境，为幼儿提供活动和表现能力的机会与条件。

第二十六条　幼儿一日活动的组织应当动静交替，注重幼儿的直接感知、实际操作和亲身体验，保证幼儿愉快的、有益的自由活动。

第二十七条　幼儿园日常生活组织，应当从实际出发，建立必要、合理的常规，坚持一贯性和灵活性相结合，培养幼儿的良好习惯和初步的生活自理能力。

第六章　幼儿园的园舍、设备

第三十四条　幼儿园应当按照国家的相关规定设活动室、寝室、卫生间、保健室、综合活动室、厨房和办公用房等，并达到相应的建设标准。有条件的幼儿园应当优先扩大幼儿游戏和活动空间。

寄宿制幼儿园应当增设隔离室、浴室和教职工值班室等。

第三十六条　幼儿园应当配备适合幼儿特点的桌椅、玩具架、盥洗卫生用具，以及必要的玩教具、图书和乐器等。

玩教具应当具有教育意义并符合安全、卫生要求。幼儿园应当因地制宜，就地取材，自制玩教具。

第九章　幼儿园、家庭和社区

第五十四条　幼儿园应当成立家长委员会。

家长委员会的主要任务是：对幼儿园重要决策和事关幼儿切身利益的事项提出意见和建议；发挥家长的专业和资源优势，支持幼儿园保育教育工作；帮助家长了解幼儿园工作计划和要求，协助幼儿园开展家庭教育指导和交流。

家长委员会在幼儿园园长指导下工作。

第三节 《幼儿园教育指导纲要（试行）》（节选）

2001年7月2日中华人民共和国国家教育委员会令第20号发布，自2001年9月1日起试行。

第一部分 总则

二、幼儿园教育是基础教育的重要组成部分，是我国学校教育和终身教育的奠基阶段。城乡各类幼儿园都应从实际出发，因地制宜地实施素质教育，为幼儿一生的发展打好基础。

三、幼儿园应与家庭、社区密切合作，与小学相互衔接，综合利用各种教育资源，共同为幼儿的发展创造良好的条件。

四、幼儿园应为幼儿提供健康、丰富的生活和活动环境，满足他们多方面发展的需要，使他们在快乐的童年生活中获得有益于身心发展的经验。

五、幼儿园教育应尊重幼儿的人格和权利，尊重幼儿身心发展的规律和学习特点，以游戏为基本活动，保教并重，关注个别差异，促进每个幼儿富有个性的发展。

第二部分 教育内容与要求

幼儿园的教育内容是全面的、启蒙性的，可以相对划分为健康、语言、社会、科学、艺术等五个领域，也可作其他不同的划分。各领域的内容相互渗透，从不同的角度促进幼儿情感、态度、能力、知识、技能等方面的发展。

一、健康

（一）目标

1. 身体健康，在集体生活中情绪安定、愉快；
2. 生活、卫生习惯良好，有基本的生活自理能力；
3. 知道必要的安全保健常识，学习保护自己；
4. 喜欢参加体育活动，动作协调、灵活。

（二）指导要点

1. 幼儿园必须把保护幼儿的生命和促进幼儿的健康放在工作的首位，树立正确的健康观念，在重视幼儿身体健康的同时，要高度重视幼儿的心理健康；

2.既要高度重视和满足幼儿受保护、受照顾的需要,又要尊重和满足他们不断增长的独立要求,避免过度保护和包办代替,鼓励并指导幼儿自理、自立的尝试;

3.健康领域的活动要充分尊重幼儿生长发育的规律,严禁以任何名义进行有损幼儿健康的比赛、表演或训练等;

4.培养幼儿对体育活动的兴趣是幼儿园体育的重要目标,要根据幼儿的特点组织生动有趣、形式多样的体育活动,吸引幼儿主动参与。

二、语言

(一)目标 ⟶ 谈听说图谱(普通话)。

1.乐意与人交谈,讲话礼貌;

2.注意倾听对方讲话,能理解日常用语;

3.能清楚地说出自己想说的事;

4.喜欢听故事、看图书;

5.能听懂和会说普通话。

(二)指导要点

1.语言能力是在运用的过程中发展起来的,发展幼儿语言的关键是创设一个能使他们想说、敢说、喜欢说、有机会说并能得到积极应答的环境;

2.幼儿语言的发展与其情感、经验、思维、社会交往能力等其他方面的发展密切相关,因此,发展幼儿语言的重要途径是通过互相渗透的各领域的教育,在丰富多彩的活动中去扩展幼儿的经验,提供促进语言发展的条件;

3.幼儿的语言学习具有个别化的特点,教师与幼儿的个别交流、幼儿之间的自由交谈等,对幼儿语言发展具有特殊意义;

4.对有语言障碍的儿童要给予特别关注,要与家长和有关方面密切配合,积极地帮助他们提高语言能力。

三、社会

(一)目标 ⟶ 两心两则各种爱。

1.能主动地参与各项活动,有自信心;

2.乐意与人交往,学习互助、合作和分享,有同情心;

3. 理解并遵守日常生活中基本的社会行为规则；

4. 能努力做好力所能及的事，不怕困难，有初步的责任感；

5. 爱父母长辈、老师和同伴，爱集体、爱家乡、爱祖国。

（二）指导要点

1. 社会领域的教育具有潜移默化的特点。幼儿社会态度和社会情感的培养尤应渗透在多种活动和一日生活的各个环节之中，要创设一个能使幼儿感受到接纳、关爱和支持的良好环境，避免单一呆板的言语说教。

2. 幼儿与成人、同伴之间的共同生活、交往、探索、游戏等，是其社会学习的重要途径。应为幼儿提供人际间相互交往和共同活动的机会和条件，并加以指导。

3. 社会学习是一个漫长的积累过程，需要幼儿园、家庭和社会密切合作，协调一致，共同促进幼儿良好社会性品质的形成。

四、科学

（一）目标 ——> 好奇探究得结果，数量环保要做好。

1. 对周围的事物、现象感兴趣，有好奇心和求知欲；

2. 能运用各种感官，动手动脑，探究问题；

3. 能用适当的方式表达、交流探索的过程和结果；

4. 能从生活和游戏中感受事物的数量关系并体验到数学的重要和有趣；

5. 爱护动植物，关心周围环境，亲近大自然，珍惜自然资源，有初步的环保意识。

（二）指导要点

1. 幼儿的科学教育是科学启蒙教育，重在激发幼儿的认识兴趣和探究欲望；

2. 要尽量创造条件让幼儿实际参加探究活动，使他们感受科学探究的过程和方法，体验发现的乐趣；

3. 科学教育应密切联系幼儿的实际生活进行，利用身边的事物与现象作为科学探索的对象。

五、艺术

（一）目标

1. 能初步感受并喜爱环境、生活和艺术中的美；

2.喜欢参加艺术活动，并能大胆地表现自己的情感和体验；

3.能用自己喜欢的方式进行艺术表现活动。

（二）指导要点

1.艺术是实施美育的主要途径，应充分发挥艺术的情感教育功能，促进幼儿健全人格的形成，要避免仅仅重视表现技能或艺术活动的结果，而忽视幼儿在活动过程中的情感体验和态度的倾向；

2.幼儿的创作过程和作品是他们表达自己的认识和情感的重要方式，应支持幼儿富有个性和创造性的表达，克服过分强调技能技巧和标准化要求的偏向；

3.幼儿艺术活动的能力是在大胆表现的过程中逐渐发展起来的，教师的作用应主要在于激发幼儿感受美、表现美的情趣，丰富他们的审美经验，使之体验自由表达和创造的快乐。在此基础上，根据幼儿的发展状况和需要，对表现方式和技能技巧给予适时、适当的指导。

第三部分　组织与实施

三、教育活动的组织与实施过程是教师创造性地开展工作的过程。教师要根据本《纲要》，从本地、本园的条件出发，结合本班幼儿的实际情况，制定切实可行的工作计划并灵活地执行。

五、教育活动内容的选择应遵照本《纲要》第二部分的有关条款进行，同时体现以下原则：

（一）既适合幼儿的现有水平，又有一定的挑战性；

（二）既符合幼儿的现实需要，又有利于其长远发展；

（三）既贴近幼儿的生活来选择幼儿感兴趣的事物和问题，又有助于拓展幼儿的经验和视野。

六、教育活动内容的组织应充分考虑幼儿的学习特点和认识规律，各领域的内容要有机联系，相互渗透，注重综合性、趣味性、活动性，寓教育于生活、游戏之中。

九、科学、合理地安排和组织一日生活。

（一）时间安排应有相对的稳定性与灵活性，既有利于形成秩序，又能满足幼儿的合理需要，照顾到个体差异；

（二）教师直接指导的活动和间接指导的活动相结合，保证幼儿每天有适当的自主选择和自由活动时间，教师直接指导的集体活动要能保证幼儿的积极参与，避免时间的隐性浪费；

（三）尽量减少不必要的集体行动和过渡环节，减少和消除消极等待现象；

（四）建立良好的常规，避免不必要的管理行为，逐步引导幼儿学习自我管理。

十、教师应成为幼儿学习活动的支持者、合作者、引导者。
↳ 用特殊态度发现个体活动。

（一）以关怀、接纳、尊重的态度与幼儿交往，耐心倾听，努力理解幼儿的想法与感受，支持、鼓励他们大胆探索与表达；

（二）善于发现幼儿感兴趣的事物、游戏和偶发事件中所隐含的教育价值，把握时机，积极引导；

（三）关注幼儿在活动中的表现和反应，敏感地察觉他们的需要，及时以适当的方式应答，形成合作探究式的师生互动；

（四）尊重幼儿在发展水平、能力、经验、学习方式等方面的个体差异，因人施教，努力使每一个幼儿都能获得满足和成功；

（五）关注幼儿的特殊需要，包括各种发展潜能和不同发展障碍，与家庭密切配合，共同促进幼儿健康成长。

十一、幼儿园教育要与0~3岁儿童的保育教育以及小学教育相互衔接。

第四部分 教育评价

二、管理人员、教师、幼儿及其家长均是幼儿园教育评价工作的参与者。评价过程是各方共同参与、相互支持与合作的过程。

三、评价的过程，是教师运用专业知识审视教育实践，发现、分析、研究、解决问题的过程，也是其自我成长的重要途径。

四、幼儿园教育工作评价实行以教师自评为主，园长以及有关管理人员、其他教师和家长等参与评价的制度。

五、评价应自然地伴随着整个教育过程进行。综合采用观察、谈话、作品分析等多种方法。

七、教育工作评价宜重点考察以下方面：

（一）教育计划和教育活动的目标是否建立在了解本班幼儿现状的基础上；

（二）教育的内容、方式、策略、环境条件是否能调动幼儿学习的积极性；

（三）教育过程是否能为幼儿提供有益的学习经验，并符合其发展需要；

（四）教育内容、要求能否兼顾群体需要和个体差异，使每个幼儿都能得到发展，都有成功感；

（五）教师的指导是否有利于幼儿主动、有效地学习。

八、对幼儿发展状况的评估，要注意：

（一）明确评价的目的是了解幼儿的发展需要，以便提供更加适宜的帮助和指导；

（二）全面了解幼儿的发展状况，防止片面性，尤其要避免只重知识和技能，忽略情感、社会性和实际能力的倾向；

（三）在日常活动与教育教学过程中采用自然的方法进行，平时观察所获的具有典型意义的幼儿行为表现和所积累的各种作品等，是评价的重要依据；

（四）承认和关注幼儿的个体差异，避免用划一的标准评价不同的幼儿，在幼儿面前慎用横向的比较；

（五）以发展的眼光看待幼儿，既要了解现有水平，更要关注其发展的速度、特点和倾向等。

第四节 《3~6岁儿童学习与发展指南》（节选）

说明

三、《指南》从健康、语言、社会、科学、艺术五个领域描述幼儿的学习与发展。每个领域按照幼儿学习与发展最基本、最重要的内容划分为若干方面。每个方面由学习与发展目标和教育建议两部分组成。

目标部分分别对3~4岁、4~5岁、5~6岁三个年龄段末期幼儿应该知道什么、能做什么，大致可以达到什么发展水平提出了合理期望，指明了幼儿学习与发展的具体方向；教育建议部分列举了一些能够有效帮助和促进幼儿学习与发展的教育途径与方法。

四、实施《指南》应把握以下几个方面：

1. 关注幼儿学习与发展的整体性。儿童的发展是一个整体，要注重领域之间、目标之间的相互渗透和整合，促进幼儿身心全面协调发展，而不应片面追求某一方面或几方面的发展。

2. 尊重幼儿发展的个体差异。幼儿的发展是一个持续、渐进的过程，同时也表现出一定的阶段性特征。每个幼儿在沿着相似进程发展的过程中，各自的发展速度和到达某一水平的时间不完全相同。要充分理解和尊重幼儿发展进程中的个别差异，支持和引导他们从原有水平向更高水平发展，按照自身的速度和方式到达《指南》所呈现的发展"阶梯"，切忌用一把"尺子"衡量所有幼儿。

3. 理解幼儿的学习方式和特点。幼儿的学习是以直接经验为基础，在游戏和日常生活中进行的。要珍视游戏和生活的独特价值，创设丰富的教育环境，合理安排一日生活，最大限度地支持和满足幼儿通过直接感知、实际操作和亲身体验获取经验的需要，严禁"拔苗助长"式的超前教育和强化训练。

4. 重视幼儿的学习品质。幼儿在活动过程中表现出的积极态度和良好行为倾向是终身学习与发展所必需的宝贵品质。要充分尊重和保护幼儿的好奇心和学习兴趣，帮助幼儿逐步养成积极主动、认真专注、不怕困难、敢于探究和尝试、乐于想象和创造等良好学习品质。忽视幼儿学习品质培养，单纯追求知识技能学习的做法是短视而有害的。

一、健康

健康是指人在身体、心理和社会适应方面的良好状态。幼儿阶段是儿童身体发育和机能发展极为迅速的时期，也是形成安全感和乐观态度的重要阶段。发育良好的身体、愉快的情绪、强健的体质、协调的动作、良好的生活习惯和基本生活能力是幼儿身心健康的重要标志，也是其他领域学习与发展的基础。

二、语言

语言是交流和思维的工具。幼儿期是语言发展，特别是口语发展的重要时期。幼儿语言的发展贯穿于各个领域，也对其他领域的学习与发展有着重要的影响；幼儿在运用语言进行交流的同时，也在发展着人际交往能力、理解他人和判断交往情境的能力、组织自己思想的能力。通过语言获取信息，幼儿的学习逐步超越个体的直接感知。

幼儿的语言能力是在交流和运用的过程中发展起来的。应为幼儿创设自由、宽松的语言交往环境，鼓励和支持幼儿与成人、同伴交流，让幼儿想说、敢说、喜欢说并能得到积极回应。为幼儿提供丰富、适宜的低幼读物，经常和幼儿一起看图书、讲故事，丰富其语言表达能力，培养阅读兴趣和良好的阅读习惯，进一步拓展学习经验。

三、社会

幼儿社会领域的学习与发展过程是其社会性不断完善并奠定健全人格基础的过程。人际交往和社会适应是幼儿社会学习的主要内容，也是其社会性发展的基本途径。幼儿在与成人和同伴交往的过程中，不仅学习如何与人友好相处，也在学习如何看待自己、对待他人，不断发展适应社会生活的能力。良好的社会性发展对幼儿身心健康和其他各方面的发展都具有重要影响。

幼儿的社会性主要是在日常生活和游戏中通过观察和模仿潜移默化地发展起来的。成人应注重自己言行的榜样作用，避免简单生硬的说教。

四、科学

幼儿科学学习的核心是激发探究兴趣，体验探究过程，发展初步的探究能力。成人要善于发现和保护幼儿的好奇心，充分利用自然和实际生活机会，引导幼儿通过观察、比较、操作、实验等方法，学习发现问题、分析问题和解决问题；帮助幼儿不断积累经验，并运用于新的学习活动，形成受益终身的学习态度和能力。

幼儿的思维特点是以具体形象思维为主，应注重引导幼儿通过直接感知、亲身体验和实际操作进行科学学习，不应为追求知识和技能的掌握，对幼儿进行灌输和强化训练。

五、艺术

每个幼儿心里都有一颗美的种子。幼儿艺术领域学习的关键在于充分创造条件和机会，在大自然和社会文化生活中萌发幼儿对美的感受和体验，丰富其想象力和创造力，引导幼儿学会用心灵去感受和发现美，用自己的方式去表现和创造美。

《3~6岁儿童学习与发展指南》的具体目标和教育建议可以参看教师招聘考试专用教材·教育理论基础·幼儿园。因篇幅有限在此不再赘述。

第五节 《幼儿园教师专业标准（试行）》（节选）

为促进幼儿园教师专业发展，建设高素质幼儿园教师队伍，根据《中华人民共和国教师法》，特制定《幼儿园教师专业标准（试行）》（以下简称《专业标准》）。

幼儿园教师是履行幼儿园教育工作职责的专业人员，需要经过严格的培养与培训，具有良好的职业道德，掌握系统的专业知识和专业技能。《专业标准》是国家对合格幼儿园教师专业素质的基本要求，是幼儿园教师实施保教行为的基本规范，是引领幼儿园教师专业发展的基本准则，是幼儿园教师培养、准入、培训、考核等工作的重要依据。

一、基本理念

（一）师德为先

热爱学前教育事业，具有职业理想，践行社会主义核心价值体系，履行教师职业道德规范，依法执教。关爱幼儿，尊重幼儿人格，富有爱心、责任心、耐心和细心；为人师表，教书育人，自尊自律，做幼儿健康成长的启蒙者和引路人。

（二）幼儿为本

尊重幼儿权益，以幼儿为主体，充分调动和发挥幼儿的主动性；遵循幼儿身心发展特点和保教活动规律，提供适合的教育，保障幼儿快乐健康成长。

（三）能力为重

把学前教育理论与保教实践相结合，突出保教实践能力；研究幼儿，遵循幼儿成长规律，提升保教工作专业化水平；坚持实践、反思、再实践、再反思，不断提高专业能力。

（四）终身学习

学习先进学前教育理论，了解国内外学前教育改革与发展的经验和做法；优化知识结构，提高文化素养；具有终身学习与持续发展的意识和能力，做终身学习的典范。

二、实施建议

（一）各级教育行政部门要将《专业标准》作为幼儿园教师队伍建设的基本依据。

（二）开展幼儿园教师教育的院校要将《专业标准》作为幼儿园教师培养培训的主要依据。

（三）幼儿园要将《专业标准》作为教师管理的重要依据。

（四）幼儿园教师要将《专业标准》作为自身专业发展的基本依据。

《幼儿园教师专业标准（试行）》的基本内容可以参看教师招聘考试专用教材·教育理论基础·幼儿园。因篇幅有限在此不再赘述。

第六节 《儿童权利公约》解读

知识点1 《公约》的宗旨和依据

宗旨：最大限度地保护儿童权益。

依据：根据一些重要国际人权文书中保护儿童的有关规定并结合儿童的特点和实际需要制定。

知识点2 《儿童权利公约》的主要内容解读

（1）《儿童权利公约》中所指的"儿童"系指18岁以下的任何人，除非对其适用之法律规定成年年龄低于18岁。

（2）《儿童权利公约》规定儿童拥有的权利：

①生存权是首要的人权，儿童出生后就获得了生命权，享有生命安全不受非

法侵害的权利和受特殊保护的权利,以及接受可达到的最高标准的医疗保健服务的权利。

②受保护权包括保护儿童免受歧视、剥削、酷刑、虐待或疏忽照料,以及对失去家庭的儿童和难民儿童的基本保证。

③儿童的发展权包括儿童接受一切形式的教育(正规和非正规)的权利。每个儿童有权享有足以促进其身体、心理、精神、道德与社会发展的生活水平。

④儿童的参与权指的是儿童获得参与社会生活的权利。

(3)《儿童权利公约》提倡的四项原则:

原则 ┣ 儿童最大利益
　　 ┣ 尊重儿童权利与尊严
　　 ┣ 无歧视
　　 ┗ 尊重儿童观点

知识点3 《儿童权利公约》的部分内容

第十三条

1. 儿童应有自由发表言论的权利,此项权利应包括通过口头、书面或印刷、艺术形式或儿童所选择的任何其他媒介,寻求、接受和传递各种信息和思想的自由,而不论国界。

2. 此项权利的行使可受某些限制约束,但这些限制仅限于法律所规定并为以下目的所必需:

(A)尊重他人的权利和名誉;

(B)保护国家安全或公共秩序或公共卫生或道德。

第十七条

缔约国确认大众传播媒介的重要作用,并应确保儿童能够从多种的国家和国际来源获得信息和资料,尤其是旨在促进其社会、精神和道德福祉和身心健康的信息和资料,为此目的,缔约国应:

（A）鼓励大众传播媒介本着第29条的精神散播在社会和文化方面有益于儿童的信息和资料；

（B）鼓励在编制、交流和散播来自不同文化、国家和国际来源的这类信息和资料方面进行国际合作；

（C）鼓励儿童读物的著作和普及；

（D）鼓励大众传播媒介特别注意属于少数群体或土著居民的儿童在语言方面的需要；

（E）鼓励根据第13条和第18条的规定制定适当的准则，保护儿童不受可能损害其福祉的信息和资料之害。

第三十一条

1. 缔约国确认儿童有权享有休息和闲暇，从事与儿童年龄相宜的游戏和娱乐活动，以及自由参加文化生活艺术活动。

2. 缔约国应尊重并促进儿童充分参加文化和艺术生活的权利，并应鼓励提供从事文化、艺术、娱乐和休闲活动的适当和均等的机会。

要点回顾

1. 《幼儿园工作规程》规定的幼儿园任务。
2. 《幼儿园工作规程》规定的幼儿园保育和教育的主要目标。
3. 《幼儿园工作规程》规定的幼儿园教育应当贯彻的原则和要求。
4. 《幼儿园教育指导纲要（试行）》中健康领域目标。
5. 《幼儿园教育指导纲要（试行）》中语言领域的指导要点。
6. 《幼儿园教育指导纲要（试行）》中艺术领域的指导要点。
7. 《幼儿园教育指导纲要（试行）》中科学领域的目标。
8. 《幼儿园教师专业标准（试行）》的基本理念。
9. 教育工作评价宜重点考察的内容。

第二章 教师职业道德

思维导图

- 教师职业道德
  - 教师职业道德的概念与特点
    - 概念——行为规范和必备的品德
    - 特点——专门性、双重性、全面性、多样性等
  - 教师职业道德的作用
    - 调节作用
    - 教育作用
    - 导向作用
    - 促进作用
  - 《中小学教师职业道德规范》（2008年修订）
    - 爱国守法
    - 爱岗敬业
    - 关爱学生
    - 教书育人
    - 为人师表
    - 终身学习

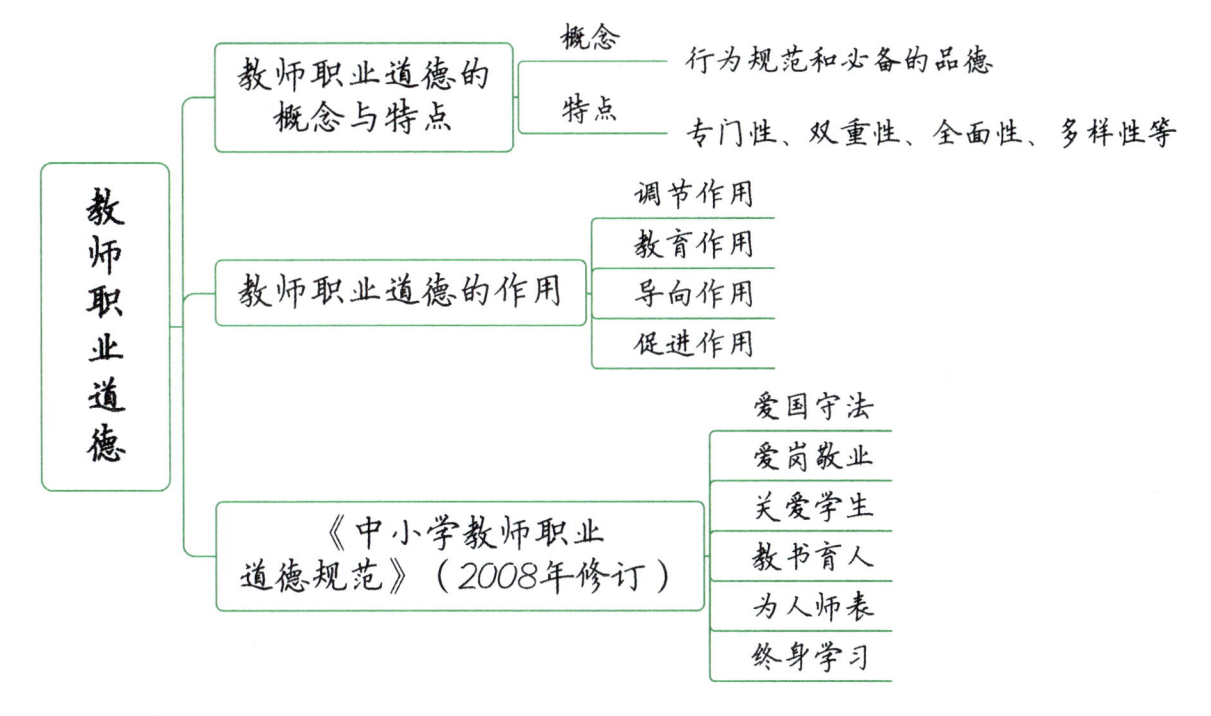

知识梳理

第一节 教师职业道德的概念与特点

知识点1 教师职业道德的概念【单选】

教师职业道德是教师在从事教育劳动时所应遵循的行为规范和必备的品德的总和，是调节教师与他人、与社会等关系时所必须遵守的基本道德规范和行为准则，以及在此基础上所表现出来的道德观念、情操和品质。

知识点2　教师职业道德的特点

特点
- 教育专门性（适用的针对性）
- 要求的双重性（根本任务是教书育人）
- 内容的全面性
- 功能的多样性
- 标准的严格性和境界的高层次性
- 意识的自觉性
- 行为的典范性和示范性（以身作则、为人师表）
- 影响的广泛性和深远性

第二节　教师职业道德的作用

作用
- 调节作用
  - 调节教师与教育事业的关系
  - 调节教师与学生的关系
  - 调节教师与教师的关系
  - 调节教师与学校其他成员及与社会其他成员的关系
- 教育作用
  - 具有示范作用
  - 对智力的发展、科学文化水平的提高有推动作用
  - 对培养学生审美情趣具有促进作用
  - 对学生良好心理素质的培养具有促进作用
- 导向作用
  - 激励作用
  - 控制作用
  - 调整作用
  - 矫正作用
- 促进作用
  - 社会职业道德的发展和从业者道德素质的提高
  - 家庭美德的形成和整个社会文明程度的提高
  - 社会公德的发展和良好社会风气的形成

第三节 《中小学教师职业道德规范》

> 三爱两人一终身。

内容	地位	具体要求
爱国守法	基本要求	①全面贯彻国家教育方针； ②自觉遵守教育法律法规，依法履行教师职责权利； ③不得有违背党和国家方针政策的言行
爱岗敬业	本质要求	①对工作高度负责； ②认真备课上课； ③认真批改作业； ④认真辅导学生； ⑤不得敷衍塞责
关爱学生	师德的灵魂	①关心爱护全体学生，尊重学生人格，平等公正对待学生； ②对学生严慈相济，做学生的良师益友； ③保护学生安全，关心学生健康，维护学生权益； ④不讽刺、挖苦、歧视学生，不体罚或变相体罚学生
教书育人	教师的天职	①遵循教育规律，实施素质教育； ②循循善诱，诲人不倦，因材施教； ③培养学生良好品行，激发学生创新精神，促进学生全面发展； ④不以分数作为评价学生的唯一标准

续表

内容	地位	具体要求
为人师表	内在要求	①坚守高尚情操,知荣明耻; ②严于律己,以身作则; ③衣着得体,语言规范,举止文明; ④关心集体,团结协作,尊重同事,尊重家长; ⑤作风正派,廉洁奉公; ⑥自觉抵制有偿家教,不利用职务之便谋取私利
终身学习	专业发展的不竭动力	①崇尚科学精神,树立终身学习理念,拓宽知识视野,更新知识结构; ②潜心钻研业务,勇于探索创新,不断提高专业素养和教育教学水平

注:《中小学教师职业道德规范》(2008年修订)。

要点回顾

1. 教师职业道德的特点。
2. 教师职业道德的作用。
3. 2008年修订的《中小学教师职业道德规范》的内容。